A AMBIDESTRIA DO ORÇAMENTO

Prefácio por
CHRIS AKROYD

Descubra como o orçamento
pode melhorar a eficiência competitiva
e estimular a inovação

A AMBIDESTRIA DO ORÇAMENTO

THIAGO BRUNO DE JESUS SILVA
Doutor em Contabilidade e Especialista
em Gestão Orçamentária

ALTA BOOKS
GRUPO EDITORIAL
Rio de Janeiro, 2024

A Ambidestria do Orçamento

Alta Books é uma empresa do Grupo Editorial Alta Books (Starlin Alta Editora e Consultoria LTDA).

ISBN: 978-85-508-2450-5

Impresso no Brasil — 1ª Edição, 2024 — Edição revisada conforme o Acordo Ortográfico da Língua Portuguesa de 2009.

Dados Internacionais de Catalogação na Publicação (CIP)
(BENITEZ Catalogação Ass. Editorial, MS, Brasil)

S584a
1.ed. Silva, Thiago Bruno de Jesus
A ambidestria do orçamento : descubra como o orçamento pode melhorar a eficiência competitiva e estimular a inovação / Thiago Bruno de Jesus Silva. – 1.ed. – Rio de Janeiro : Alta Books, 2024.
160 p.; 15,7 x 23 cm.

Bibliografia.
ISBN 978-85-508-2450-5

1. Administração de empresa. 2. Competitividade. 3. Finanças corporativas. 4. Orçamentos. I. Título.

08-2024/123 CDD 658

Índice para catálogo sistemático:
1. Orçamentos : Administração 658
Aline Graziele Benitez – Bibliotecária – CRB-1/3129

Grupo Editorial Alta Books

Produção Editorial: Grupo Editorial Alta Books
Diretor Editorial: Anderson Vieira
Editor da Obra: Rosana Arruda
Vendas Governamentais: Cristiane Mutüs
Gerência Comercial: Claudio Lima

Produtora Editorial: Ana Clara Tambasco
Revisão: João Guterres e Paulo Aragão
Diagramação: Rita Motta
Capa: Beatriz Frohe

ALTA BOOKS
GRUPO EDITORIAL

Rua Viúva Cláudio, 291 — Bairro Industrial do Jacaré
CEP: 20.970-031 — Rio de Janeiro (RJ)
Tels.: (21) 3278-8069 / 3278-8419
www.altabooks.com.br — altabooks@altabooks.com.br
Ouvidoria: ouvidoria@altabooks.com.br

Editora
afiliada à:
ASSOCIADO

Agradecimentos

Às pessoas que se relacionaram comigo nesses últimos 15 anos.

A toda minha família.

Aos meus alunos que me fazem aprender todos os dias.

A todos os meus professores pela aprendizagem, troca de conhecimento, exigência, cobrança, dedicação e incentivo ao longo da minha trajetória.

Ao meu orientador do doutorado Carlos Eduardo Facin Lavarda.

Aos gestores e executivos que auxiliam o desenvolvimento do país com as suas organizações, bem como a todos os demais interessados em negócios, carentes de material brasileiro que busque juntar o conhecimento acadêmico com a prática das organizações.

Aos envolvidos diretamente nesse projeto, sobretudo toda a equipe da Editora Alta Books.

E claro, a Deus por todas as bênçãos, desafios e oportunidades para continuar na jornada aprendendo e compartilhando.

Sumário

Prefácio

Este livro é uma adição oportuna ao nosso conhecimento sobre orçamento. Dado que muitas organizações agora operam em ambientes em rápida mudança, precisamos entender melhor como os orçamentos podem ser usados de novas maneiras. A obra começa mostrando a importância da ambidestria e como um equilíbrio entre inovação e operações atuais precisa ser alcançado. Sem compreensão de como ajustá-lo, uma organização acabará falhando.

Assim, este trabalho se concentra em como o orçamento pode ajudar uma organização a se tornar mais ambidestra. Para isso, vincula as áreas que comumente relacionamos com o orçamento — planejamento, controle e funções de influência comportamental — para mostrar como também podem ser usadas de forma ambidestra para gerenciar o uso de recursos e a busca de novas oportunidades.

O livro é definido em sete capítulos fáceis de seguir. O Capítulo 1 apresenta a teoria que nos ajuda a entender os recursos que diferentes organizações usam para competir no mercado. Dessa forma, mostra como as organizações usam tais recursos para criar uma vantagem competitiva, necessária para se manterem competitivas no longo prazo. O assunto é expandido no Capítulo 2, onde aprendemos como o próprio orçamento pode ser um recurso. Isso ajuda a explicar como um orçamento pode ser usado para reconfigurar os ativos de uma organização, conforme necessário em relação ao ambiente externo, para melhorar o desempenho.

Uma parte fundamental dos orçamentos é a informação, que permite que uma organização melhore a eficiência dos recursos de que dispõe e procure novas oportunidades por meio da gestão das suas capacidades inovadoras e criativas.

O Capítulo 3 mostra como o orçamento pode ajudar uma organização a atingir seus objetivos. Dado que o tema do livro é a ambidestria organizacional, o foco está no equilíbrio entre obter o máximo desempenho das operações atuais (o que é conhecido como *exploitation*) e encontrar oportunidades novas e inovadoras (o que é conhecido como *exploration*).

Isso flui bem no Capítulo 4, onde aprendemos como o processo de planejamento orçamentário pode ajudar a melhorar a eficiência dos processos organizacionais, e como as restrições orçamentárias também podem estimular a criatividade.

No Capítulo 5, aprendemos como o orçamento pode possibilitar um diálogo dentro de uma organização e ajudá-la a enfrentar seus desafios. Um ponto importante levantado é como a troca de ideias possibilita o aprendizado organizacional sobre as condições de mercado e a busca de novas oportunidades. O Capítulo 6 conecta todas as ideias apresentadas para mostrar como as organizações podem atingir um nível mais alto de desempenho.

Por fim, no Capítulo 7, aprendemos que um orçamento, para ser eficaz, precisa estar alinhado com a estratégia da organização. É por meio do processo de planejamento estratégico que o desempenho deve ser medido e gerenciado. Compreendemos que, para que o orçamento seja útil em ambientes incertos, precisa estar vinculado à estratégia de capacitar os funcionários a serem criativos e inovar em suas práticas de negócios.

Acredito que este livro permite uma melhor compreensão de como a literatura e as teorias acadêmicas podem lançar uma nova luz sobre as práticas das organizações — algo importante para melhorar a eficiência e estimular a inovação. *A Ambidestria do Orçamento* pode ser usado como um guia para mostrar às organizações como elas podem vincular questões e estimular comportamentos inovadores para se tornarem mais ambidestras e melhorarem o desempenho.

Chris Akroyd

Professor de Contabilidade e Chefe de Departamento de Contabilidade e Sistema de Informação da *University of Canterbury* (Universidade de Canterbury), na Nova Zelândia.

Introdução

O deus romano *Janus* tinha dois pares de olhos — um que focava o que estava atrás e o outro, o que estava à frente. Gestores e executivos corporativos também devem olhar constantemente para trás, para entender os produtos e processos do passado, ao mesmo tempo em que olham para frente, ao se prepararem para as inovações que definirão o futuro.

Esse ato de equilíbrio mental pode ser um dos mais difíceis de todos os desafios gerenciais — exige que os gestores e executivos explorem novas oportunidades, mesmo quando trabalham diligentemente para explorar as capacidades existentes — e não é surpresa que poucas organizações o façam bem. A maioria bem-sucedida é adepta de refinar suas ofertas atuais, mas peca quando se trata de ser pioneira em produtos e serviços radicalmente novos.

O professor Eric Zabiegalski relata que fez um teste simples para um CEO e para o diretor de RH de uma organização global de TI. No teste, pediu: "pegue uma caneta e uma folha de papel em branco e assine seu nome". Ambos confusos, fizeram o que foi pedido. E então, o professor Eric explicou que o próximo passo seria colocar a caneta na outra mão e assinar novamente os seus nomes. A reação deles foi uma mistura de riso e constrangimento. Por fim, solicitou que o CEO e o diretor de RH descrevessem o processo. Ambos confirmaram que o ato foi desafiador, desconfortável e desconhecido, no entanto, com um pouco mais de prática seria possível.

Então, o professor Eric Zabiegalski explicou que as organizações, assim como os indivíduos, ao longo do tempo, desenvolveram sua mão dominante. Ou seja, o sucesso no uso desta mão reforça principalmente o comportamento bem-sucedido. Isso funciona muito bem, desde que o ambiente em torno do indivíduo e da organização permaneça estável. No entanto, mudanças no ambiente podem forçar indivíduos e organizações a se adaptarem e, literalmente, colocarem a caneta na outra mão (Zabiegalski, 2015).

Em linha ao apresentado, no que tange às dificuldades de adaptação, a Kodak e a Boeing são mais dois dos exemplos de empresas outrora dominantes que não conseguiram se adaptar às mudanças do mercado. A Kodak se destacou na fotografia analógica, mas não conseguiu dar o salto para as câmeras digitais. A Boeing, líder de longa data em aeronaves comerciais, passou por dificuldades em seus negócios e tropeçou diante da concorrência da Airbus.

E a Nokia? Empresa com mais de um século, chegou ao estrelato como líder do mercado de telefones celulares na década de 1990 e continuou a sê-lo até o início dos anos 2000. A partir daí, seu declínio começou. A empresa teve que vender muitos de seus ativos e sua divisão de telefonia móvel para a Microsoft. Mais tarde, a Nokia tornou-se uma empresa truncada e acabou caindo no esquecimento.

A Fujifilm e a Kodak competiram pelos negócios de filmes fotográficos até que a demanda global despencou, com o advento das câmeras digitais (*digicam*) nos anos 2000. Os destinos dessas duas empresas foram diferentes: a Kodak pediu proteção contra falência em 2012, e a Fujifilm desenvolveu novos negócios para se tornar uma "empresa de assistência médica total", centrada em assistência médica. Tendo competido no mesmo setor por muitos anos, elas tinham tecnologias de núcleo semelhantes.

A dificuldade em obter inovações revolucionárias e, ao mesmo tempo, fazer melhorias constantes em um negócio existente, é tão comum — e fascinante — que se tornou um campo de estudo. Por décadas, os estudiosos criaram teorias para explicar esse quebra-cabeça e ofereceram conselhos sobre como resolvê-lo. Alguns argumentam que não há saída para o enigma — que as organizações com negócios consolidados não têm flexibilidade para explorar novos territórios.

Dados os exemplos, podemos entender que a ambidestria é importante, especialmente ao considerar a necessidade de se encontrar o equilíbrio entre inovar e manter o que de melhor já é feito. Caso a organização não fizer isso, carimbará uma data de validade e, eventualmente, será extinta. Isso pode significar que a maioria converge para uma ou duas coisas que aprenderam a fazer bem, param de crescer, aprender e mudar, e são extintas quando o ambiente muda.

Nos últimos anos, decidi testar a ambidestria organizacional e como o controle gerencial do orçamento se comportava e auxiliava na inovação além dos produtos ou mercados atuais das organizações. Parti de alguns questionamentos e reflexões: *A ambidestria e o orçamento conseguem atuar juntos? Conseguem alcançar avanços? Que estruturas organizacionais e gerenciais são necessárias? O que funciona e o que não?*

O orçamento exerce diversas utilidades que podem apresentar formas diferentes. Ao mesmo tempo que serve para controlar, também analisa os desvios, permite correções, sinaliza metas, influencia o comportamento dos colaboradores, motiva, permite o debate e dissemina o conhecimento. Dessa forma, por meio dessas utilidades, está alinhada ao que é traçado e discutido na ambidestria organizacional. Ou seja, entendo que o orçamento, por gerenciar a melhora dos recursos e a busca por novas oportunidades, é ambidestro.

O orçamento ambidestro auxilia os gestores a desenvolver formas que proporcionem vantagem competitiva em um ambiente instável. À medida que o mercado emerge, colide, evolui e morre, as organizações necessitam de capacidade (dinâmica) para construir, integrar e se reconfigurar para continuar competindo no mercado. Sob esse cenário, entendo que a organização possa alcançar desempenho favorável e minimizar a chance de declínio.

Ao longo do estudo, descobri que o orçamento, de fato, tem característica ambidestra. Ao examinar o conjunto de suas utilidades, o orçamento auxilia as organizações em explorar tanto o presente quanto o futuro. De forma particular, os gestores podem e devem analisar constantemente os processos e produtos do presente e, ao mesmo tempo, olhar para as inovações que podem definir seu futuro.

Este livro foi escrito tendo como plano de fundo a minha tese de doutorado. Meu intuito foi o de aproximar a teoria (evidências científicas e literatura) e a prática da forma de gerenciamento das organizações. Além da tese, foram acrescentados outros estudos que julguei relevantes. Usei a minha bagagem de diversos anos de pesquisa, como consultor e professor, para escrever um livro único e diferente da média que se encontra na literatura nacional.

O motivo é simples. Busquei usar uma linguagem direta e clara, com diversos exemplos, casos reais que se cruzam na literatura científica de forma muito didática. Nesse quesito percebo como uma lacuna nas literaturas acadêmicas e profissional, o que ensejou a escrever este livro. Além disso, a forma que descrevo o orçamento, que será explorada ao longo do livro, é inédita. Minha outra motivação é que gestores, professores e estudantes (de graduação e pós-graduação) desfrutem da literatura mais atual e com uma vertente mais moderna.

É sobre este caminho de discussões que te convido, leitor/a. Com toda certeza, se você está com este livro em mãos, é porque busca compreender como o orçamento pode melhorar a eficiência competitiva e estimular a inovação na sua organização. Para isso ser possível, a partir de agora, abordaremos o papel do orçamento, a capacidade da organização em aprender, orientar para o mercado, empreender e inovar; ambidestria organizacional e desempenho.

O livro foi dividido em oito capítulos, distribuídos ao longo de seis seções temáticas. Ao longo dele mostrarei, de forma consistente, o modelo mental para que você possa explorar o orçamento para melhorar a eficiência competitiva, estimular a inovação nas organizações e aumentar o desempenho. Com conhecimentos científicos sólidos e técnicas de análise bem fundamentadas, que ao mesmo tempo não se afastam da realidade vivenciada no dia a dia.

No **Capítulo 1**, você será apresentado à Teoria Baseada em Recursos (*Resource-based Theory* — RBT). A partir dela, descobrirá que o desempenho da organização é influenciado pelas suas características internas (conjunto de recursos, recurso complementar e capacidades). Nesse contexto, perceberá que a vantagem competitiva da organização resulta justamente da aplicação de cada recurso e cada capacidade que, com características particulares, estão à disposição.

No **Capítulo 2**, mostrarei que o controle gerencial, de forma particular o orçamento, é um ativo à organização. Ou seja, um recurso complementar que auxilia na organização, com a intenção de tirar o melhor proveito do potencial dos recursos e capacidades. Também apresento as utilidades, os princípios, as premissas e os tipos de orçamento. Nas utilidades, contarei que as informações inerentes possibilitam melhora na eficiência dos recursos existentes e, de forma simultânea, a busca por novas oportunidades dada pela criatividade, inovação etc.

O **Capítulo 3** detalha como o orçamento busca atender a diferentes demandas. E então, tem uma finalidade ambidestra. Nesse capítulo, descrevemos a ambidestria organizacional e a importância do balanceamento na aplicação de recursos, a partir das dualidades, *exploration* e *exploitation*.

No **Capítulo 4**, introduzo a discussão sobre a utilidade de planejamento do orçamento fornecer possibilidade para melhorar a eficiência. Além disso, explico os motivos os quais entendo como a restrição orçamentária pode estimular a criatividade.

O **Capítulo 5** explica a utilidade de diálogo do orçamento, como pode possibilitar a troca de informações em um ambiente incentivado a desafiar o atual estado, participar de diálogos, debates e buscar soluções inovadoras.

No **Capítulo 6**, mostro que as utilidades anteriormente discutidas possibilitam condições para inovar e empreender, assim como a aprendizagem organizacional e orientação para o mercado. E, a partir dessa relação, permitir o alcance de maior desempenho.

No **Capítulo 7**, faço observações finais sobre a ambidestria do orçamento. Recomendo que o seu primeiro passo seja olhar para dentro e descobrir onde a sua empresa está na escala do orçamento ambidestro.

Por último, no **Capítulo 8**, apresento tópicos contemporâneos sobre o orçamento nas organizações. Busquei reforçar o papel do orçamento nas mais diversas circunstâncias, como em uma crise, cenário de incerteza, limitação orçamentaria, efeito adverso de uma estiagem, competição e concorrência, auxílio em respostas estratégicas, no empoderamento e na criatividade dos funcionários, em cooperativas, clubes de futebol, empresas de tecnologia e no agronegócio.

Todo este percurso poderá te fazer refletir a partir de suas vivências profissionais e pessoais, o que elevará sua experiência a um degrau mais elevado. É isso que espero e desejo que você obtenha ao concluir a leitura deste livro. Vamos lá?

Capítulo 1

Recursos e capacidades para alcançar vantagem competitiva

"Eu não tenho uma opinião, a teoria é que tem."
— Clayton Christensen

Sou admirador do trabalho de Clayton M. Christensen. Ele foi um professor de administração na *Harvard Business School* e mundialmente conhecido pelo seu estudo sobre inovação dentro de grandes organizações. Seu livro mais conhecido (e que indico a leitura) é *O Dilema da Inovação*, onde criou a teoria de inovação disruptiva.

Em um momento de sua vida, o professor explica como um encontro mudou a forma como responde perguntas. Quando as pessoas perguntam algo, ele raramente responde de forma direta. Responde a partir de como a teoria se aplica à pergunta. Dessa forma, o professor se questiona por uma teoria em sua própria mente, então sabe o que a teoria indica como provável resultado em um curso de ação, comparado com outro.

Para ter certeza se de fato entendeu, descreve como o processo no modelo progrediu num setor ou numa situação diferente da apresentada por essas pessoas, para ajudá-las a visualizar como funciona. Em seguida, as pessoas normalmente respondem "Ok, entendo". Depois, respondem à própria questão com mais conhecimento do que ele poderia ter. Uma boa teoria não muda de opinião: ela não se aplica apenas a algumas organizações ou pessoas, e não a outras. É uma declaração geral sobre o que causa o quê e por quê.

As pessoas, de forma geral, pensam que a melhor forma de prever o futuro é por meio da coleta da maior quantidade de dados possível, antes de tomar uma decisão. Mas isso é como dirigir um carro com o olhar apenas no espelho retrovisor, porque os dados disponíveis são só sobre o passado. Embora experiências e informações possam ser boas professoras, há muitas situações na vida em que simplesmente não podemos nos dar ao luxo de aprender com a prática. Segundo Christensen, ninguém vai querer casar diversas vezes para aprender a ser um bom cônjuge. E quem vai querer esperar até que o último filho cresça para dominar a paternidade?

É por esse motivo que a teoria pode ser tão valiosa: a partir dela, obtemos explicações do que vai acontecer, mesmo antes de experimentarmos. O verdadeiro progresso no voo humano não veio da elaboração de asas melhores ou do uso de mais penas. Foi provocado pelo matemático suíço Daniel Bernoulli e seu livro *Hydrodynamica*, um estudo da mecânica dos fluídos. Em 1738, ele esboçou o que viria a ser conhecido como princípio de Bernoulli, uma teoria que, quando aplicada ao voo, explica o conceito de elevação.

Tínhamos ido de correlação (asas e penas) à causalidade (elevação). O voo moderno pode ser atribuído diretamente ao desenvolvimento e adoção dessa teoria. No entanto, o professor Christensen destaca que esse inovador entendimento da causa do voo ainda não foi suficiente para torná-lo perfeito e confiável. Quando um avião caía, os pesquisadores necessitavam perguntar: "O que ocorreu com relação às circunstâncias daquela tentativa específica de voo que levou ao fracasso? Vento? Neblina? O ângulo da aeronave?" Os pesquisadores podiam, então, definir quais regras os pilotos deviam seguir com a intenção de ter sucesso em cada circunstância diferente. Isso é uma característica da boa teoria: dispensa o conselho nas declarações hipotéticas.

O professor Christensen foi convidado a discutir o resultado do combate ao terrorismo, de dentro dos departamentos existentes versus a criação de uma organização completamente nova nos EUA. Por mais de uma década, a *Joint Forces Command* dos EUA serviu como um laboratório de transformação para que o exército desenvolvesse e implantasse estratégias para combater o terrorismo. De forma superficial, a concorrência no mercado de chips de computador e a proliferação do terrorismo global não poderiam parecer problemas mais diferentes a serem abordados. Mas são o mesmo problema, só que em diferentes contextos.

Como professor e pesquisador, sou solicitado diversas vezes a oferecer minhas opiniões a respeito de questões específicas de organizações e/ou setores que não tenho conhecimento específico. Por ter estudado um amplo conjunto de teorias, isso me fornece suporte para fornecer informações sobre esses negócios. Cada teoria me ensina não o que pensar, mas como pensar, conforme apresentado pelo professor Christensen.

Segundo o professor, uma boa teoria é a melhor forma de abordar os problemas, de maneira a fazer as perguntas corretas e alcançar as respostas mais úteis. A questão não é ficar preso em questões acadêmicas, mas o contrário disso. É apenas uma questão muito simples, uma pergunta bem prática: o que causa o quê?

Ao longo do mestrado e doutorado, estudamos teorias relacionadas às diversas circunstâncias das organizações e do trabalho dos gerentes — o que cada uma das teorias pode dizer sobre as causas dos problemas e das oportunidades das organizações. Após isso, aplicamos as teorias para prever que problemas e oportunidades podem ocorrer no futuro e que decisão serão necessárias tomar.

O professor Clayton Christensen foi premiado como pensador mais influente do mundo dos negócios em 2011 no Thinkers50. O guru da "inovação disruptiva" morreu aos 67 anos, em 2020. Conheça mais sobre o professor em seu site: https://claytonchristensen.com/

Assim como o professor Christensen, acredito que uma boa teoria é fundamental para uma prática de gestão eficaz, e o instrumento mais eficiente que posso oferecer aos meus alunos. Com o passar dos anos, percebo que teoria é o que tem faltado nas discussões sobre como as organizações podem ter um orçamento bem-sucedido. O orçamento é de fato um instrumento apenas para eficiência dos recursos? Ou é difícil trabalhá-lo para buscar novas oportunidades porque não fomos preparados para vê-lo dessa forma?

Já vi muitos gestores inteligentes e competentes brigando com todos os tipos de desafio e questões torturantes relacionadas ao orçamento, mas raramente fazendo a pergunta fundamental: o que leva o orçamento a melhorar a eficiência competitiva e, ao mesmo tempo, estimular a inovação?

Acredito que ao tratar o orçamento como ambidestro, finalmente temos a resposta.

A Teoria

Como vimos, uma boa teoria pode nos ajudar a classificar, explicar e, mais importante, prever. Por conta disso é que uso a Teoria Baseada em Recursos (*Resource-based Theory* — RBT), que explica os motivos que fazem com que distintas empresas, que competem no mesmo mercado, possuam desempenhos diferentes. Isso é dado pelas características internas de cada organização.

Imagem 1. A teoria é a lente que explica determinada realidade

Fonte: Diana.grytsku - Freepik.com

O estudo seminal de Penrose (1959) em *The Theory of the Growth of the Firm* (A Teoria do Crescimento da Empresa, em tradução livre) estabelece os ativos da organização, suas características, utilidades e outros fatores que os colocam como responsáveis pelas maiores contribuições em vantagens competitivas. Entre os ativos, considera-se tudo aquilo que é controlado pela organização, como máquinas, unidades, recursos humanos. Esse conjunto de ativos é o que direciona a organização a ter a sua vantagem competitiva.

O livro *The Theory of the Growth of the Firm* é um dos clássicos na área de gestão pela comunidade Thinkers50. Lançado em 1959, apresentou ideias provocativas que abriram caminhos percorridos por diversos autores ao longo dos anos.

A vantagem competitiva é uma estratégia de criação de valor que não pode ser implementada, de forma simultânea, por qualquer concorrente atual ou em potencial. O estudo de Penrose (1959) entende que cada organização tem desempenho diferente em um mesmo período de tempo e no mesmo local. Isso se explica porque o conjunto de ativos de cada organização é responsável por seu desempenho.

Esse estudo seminal dá início ao entendimento das diferenças de desempenho, mesmo em organizações concorrentes, o que é atribuído aos seus ativos, também chamado de recursos internos. Cada organização ter um desempenho diferente é explicado pela heterogeneidade e imobilidade dos recursos (uma suposição da teoria). Por conta disso, a vantagem competitiva é resultante da aplicação desses recursos com características específicas que estão à sua disposição (Barney, 1991).

Esses recursos e capacidades que constituem a base de uma vantagem competitiva devem ser valiosos, raros, inimitáveis e organizados (VRIO).

Em síntese, os recursos e capacidades são particulares para cada organização, sem possibilidade da organização concorrente imitá-los. É imperfeitamente imitável, o que implica que outras organizações não podem obtê-los, uma vez que enfrentam desvantagem. Nesse sentido, a imitação desse pacote (recursos e capacidades) é custosa à concorrente.

Tabela 1. VRIO

Característica	Descrição
Valor	Os recursos são valiosos quando permitem explorar oportunidades ambientais e/ou neutralizar ameaças, melhorando, consequentemente, seu desempenho — eficiência e eficácia.
Raridade	Superar os concorrentes é possível quando os valiosos recursos de uma organização são simultaneamente raros ou únicos (os concorrentes não possuem o recurso ou têm dificuldade para acessá-lo).
Imitabilidade imperfeita	Para ser uma fonte de valor, recursos valiosos e raros também devem ser imperfeitamente imitáveis, o que implica que os concorrentes não podem obtê-los, uma vez que "enfrentam uma desvantagem de custo em imitar esses recursos e capacidades" (Barney 1995, p. 53). Barney (1995) identifica a duplicação como uma forma de imitação, quando os concorrentes desenvolvem os mesmos pacotes de recursos que a empresa que querem imitar.
Organização	Os recursos e capacidades com as características acima mencionadas também devem ser apoiados por uma organização eficaz. A organização adequada, entendida como a capacidade de explorar efetivamente os recursos estratégicos, requer habilidades de implementação, o que se refere a elementos como estrutura organizacional, sistemas de controle e políticas de remuneração.

Fonte: Barney (1991) e Barney (1995)

Recursos e capacidades das organizações

Os recursos foram definidos como sendo todos os ativos, as capacidades, os processos organizacionais, os atributos da organização, a informação, o conhecimento etc., controlados pela organização (Barney, 1991). Se dividem em três categorias:

Se tais condições forem atendidas, o pacote de recursos da organização pode aumentar a capacidade de se obter uma vantagem competitiva sustentada, e, de forma subsequente, retornos acima da média. Wernerfelt (1984) destaca a importância dos ativos (recursos tangíveis e intangíveis) para o desempenho da organização.

As rendas organizacionais (como consequência da vantagem competitiva sustentável) resultam de recursos e capacidades, de forma que o processo de tomada de decisões, quanto ao desenvolvimento e implementação de recursos e capacidades, é imperfeito e discricionário por gestores racionalmente limitados que enfrentam riscos, complexidade e conflitos intrafirma. Desse modo, a importância dos recursos e capacidades para uma vantagem competitiva e com melhor desempenho é reconhecida.

Tabela 2. Categorias dos recursos

Recursos Físicos	Tecnologia, plantas, equipamentos, localização geográfica, acesso a matérias primas
Recursos Humanos	Treinamento, experiência, julgamento, inteligência, relacionamento
Recursos Organizacionais	Estrutura de relatório, planejamento, controle, sistemas de coordenação e relações no âmbito interno da organização e entre esta ação e atores externos

Fonte: Barney (1991) e Barney (1995)

Existe uma distinção entre recursos e capacidades. Recursos são fatores que possuem e controlam, não sendo disponíveis e transferíveis (ativos financeiros, físicos, capital humano e patentes). Capacidades são processos organizacionais baseados na informação, que retratam a capacidade de uma organização de implantar recursos, de forma geral em combinação, ao usar processos organizacionais para realizar um fim desejado.

Imagine os recursos de sua empresa, como máquinas, equipamentos etc. Em um cenário de entrada de um novo concorrente, com um produto mais barato que causou diminuição de sua receita, os recursos, por si só, entenderão as mudanças causadas pela entrada desse novo *player*? A resposta é não. Por conta disso, a teoria discorre sobre as capacidades que cada organização possui. Ou seja, a partir de informações (externas, internas...), cada organização explora seus recursos de forma mais estratégica possível.

Para fornecer compreensão mais profunda de como as organizações criam e capturam valor em ambientes em rápidas mudanças, Teece, Piasano e Shuen (1997) introduziram o conceito de capacidade dinâmica, que é a capacidade de a organização integrar, construir e reconfigurar recursos internos — competências para lidar com ambientes em rápida alteração.

Agora imagine, no período de pandemia que passamos, como cada organização teve a necessidade de lidar com essa situação. Cada organização, com seus recursos, teve que aflorar sua capacidade para reconfigurar sua atividade, com inserção de novos produtos, exclusão de outros, fechamento de unidades, trabalho remoto, entregas a partir de aplicativos etc. Tudo para sobreviver ao mercado.

A covid-19 foi o extremo. Mas a todo momento ocorrem mudanças, e cada organização deve ter habilidade (capacidade) para acompanhar, adaptar-se e reconfigurar-se. Ou seja, reinventar-se para sua sobrevivência e manter a vantagem competitiva. É por isso que as capacidades dinâmicas são relatadas quanto ao seu papel para a sobrevivência, o crescimento e para obter um desempenho maior.

As capacidades são definidas como as habilidades para desempenhar uma tarefa ou uma atividade de maneira integrada, podendo ser associadas a outros tipos de recursos, como o sistema de informações. As operações, atividades, produtos e processos de uma organização podem se tornar obsoletos em um ambiente com risco de constantes mudanças e altamente complexo.

Nesse cenário, as capacidades dinâmicas são as habilidades fundamentais que ocorrem à medida que a organização reconfigura e rearranja os seus ativos existentes (recursos) para desenvolver novas competências e, desse modo, fazer frente às ações concorrenciais. As capacidades dinâmicas são importantes atividades coletivas institucionalizadas na rotina organizacional, por meio das quais a organização, de forma sistemática, gera e modifica suas práticas organizacionais em busca de maior efetividade.

Por meio da absorção e do acúmulo de conhecimento, as rotinas existentes são modificadas e aprimoradas, o que caracteriza uma forma dinâmica de reproduzir conhecimentos que podem se moldar de acordo com a complexidade do ambiente ou baseados em experiências passadas. Tais processos são capazes de responder, de forma rápida, às mudanças por meio da geração e modificação de suas rotinas operacionais, o que possibilita novas estratégias para agregar valor à organização.

As capacidades dinâmicas podem ser entendidas como a habilidade do comando estratégico da organização para detectar e moldar oportunidades e ameaças, aproveitar essas oportunidades e manter a competitividade por meio do aprimoramento, combinação, proteção e reconfiguração dos ativos intangíveis e tangíveis do empreendimento. Entre essas capacidades do comando estratégico, destacam-se a aprendizagem organizacional, a orientação para o mercado, a inovação e o empreendedorismo.

Tabela 3. Capacidades dinâmicas

Aprendizagem Organizacional	Processo contínuo de **apropriação e geração de novos conhecimentos**
Orientação para o Mercado	Busca de **informação sobre o mercado** (clientes e concorrentes) e disseminação das descobertas aos departamentos
Inovação	Processo de **renovação** de produtos e serviços
Empreendedorismo	Atividade que envolve a descoberta, a avaliação e a **exploração de oportunidades**

Fonte: Henri (2006)

Para alcançar uma vantagem competitiva, essas capacidades devem também ser valiosas, raras, difíceis de identificar e compreender, imperfeitamente transferíveis, não facilmente replicáveis e substituíveis. Vale ressaltar que existe organização que constrói, integra e reconfigura, mesmo em ambiente pouco dinâmico e com baixa taxa de mudança.

Influência das capacidades no controle gerencial

As capacidades dinâmicas envolvem esforço de aprendizagem e inovação para buscar, criar, integrar, renovar, selecionar e implantar recursos. O resultado disso é percebido na identificação de mudanças ou de oportunidades, que levam ao desenvolvimento de processos ou de produtos/serviços — resultando em respostas, com determinado curso de ação para obter crescimento, maior desempenho e, quem sabe, entrar em um novo negócio que não foi ainda bem explorado.

Figura 1. Capacidades e o orçamento

Fonte: autoria própria

A **aprendizagem organizacional**, é o processo contínuo de apropriação e geração de novos conhecimentos nos níveis individual, grupal e organizacional, o que envolve todas as formas de aprendizagem — formais e informais — no cenário organizacional, alicerçado em uma dinâmica de reflexão e ação sobre situações-problemas e voltado para o desenvolvimento de competências gerenciais. As organizações possuem sistemas cognitivos e memórias, assim como desenvolvem rotinas e procedimentos relativamente padronizados para lidar com os problemas internos e externos (Antonello, 2005).

Para facilitar o processo de aprendizagem, é necessário que ele seja construído com base nas estruturas organizacionais e que estas possam facilitar ou inibir o aprendizado organizacional como os sistemas de informações, as normas, os procedimentos e as rotinas organizacionais. Os autores apresentam o conceito de aprendizagem de circuito simples e duplo. A aprendizagem de circuito simples é o aprendizado instrumental que modifica a estratégia de ação ou as premissas acerca das estratégias, de forma que os valores da teoria em ação não sejam modificados. O aprendizado de circuito duplo é aquele que resulta em uma mudança dos valores da teoria em uso.

O controle gerencial tem o papel de induzir o processo de aprendizagem organizacional ao reconhecer que as informações geradas podem ser utilizadas para decisões. As decisões de circuito simples podem ser representadas por correções de pequenos desvios, como, por exemplo, em relação aos gastos orçados versus os gastos realizados, pequenas alterações na composição dos insumos utilizados em um produto, ou ainda alterações ou aperfeiçoamento na forma de atuação da organização.

Nas decisões de circuito duplo, estas podem ser consideradas por serem representadas por grandes alterações na forma de atuação da organização, como uma mudança de mix de produto/serviço por conta de modificações na forma de mensuração de resultados, ou mudança profunda nos processos operacionais ocasionadas por alteração na forma de mensuração dos custos desses processos. Ou, em outro exemplo, a detecção da necessidade de alteração nos processos identificados pela comparação dos resultados realizados versus resultados orçados, como na forma de atuação concorrencial, ou mesmo a necessidade de mudanças ou introdução de novos produtos/serviços.

Tabela 4. Exemplos de influência do orçamento na aprendizagem organizacional

Informações advindas do Orçamento	Aprendizagem Organizacional
Receitas orçadas e receitas executadas	Análise para compreender os possíveis motivos que ocasionaram o desvio. Isso conduzirá a entender o que ocorreu para que não aconteça novamente. Análise dos produtos/serviços para identificar/comparar os resultados. Esse momento levará a uma possível necessidade de mudança por conta de um declínio e da introdução de um outro produto/serviço
Gastos orçados e gastos executados	Análise para os gastos executados para possíveis correções e entender o que foi responsável pela flutuação. Análise dos produtos/serviços com menor margem de retorno, maiores custos e que não compensam uma continuidade. Por outro lado, produtos com baixo gasto e maior procura.

Fonte: autoria própria

A capacidade dinâmica de **orientação para o mercado** é definida como o processo organizacional caracterizado pela busca de informação sobre o mercado (clientes e concorrentes), pela identificação das necessidades atuais e futuras dos clientes e pela disseminação dessas informações entre os departamentos organizacionais com o intuito de formular ações concorrenciais. Entende-se que a organização utiliza informações sobre o mercado, como tendências e movimentos de clientes e concorrentes, com a intenção de criar valor superior.

Na orientação para o mercado, os clientes são uma fonte inspiradora de informações, pois, em um ambiente concorrencial, os produtos e serviços são vendidos se as necessidades estiverem sendo satisfeitas. O compartilhamento interdepartamental das informações quanto ao mercado é um importante instrumento para obter aprendizagem, e acredita-se que as organizações, em um ambiente de incertezas e riscos, confiem mais nesse compartilhamento do que organizações em ambientes mais previsíveis.

O controle gerencial pode ser útil ao favorecer a orientação para o mercado e informações por meio dos relatórios gerenciais que identificam os resultados econômicos (margem de contribuição, lucro bruto, resultados identificados, entre outros), o que é gerado por diferentes dimensões (produtos, clientes, categoria de clientes, regiões geográficas, segmentos etc.). No âmbito orçamentário, com maior e menor detalhe, a organização pode comparar resultados realizados de vendas e lucros por essas dimensões, o que propicia motivações que favoreçam essa postura de orientação para o mercado, visto que os gerentes podem identificar produtos ou regiões que não obtenham desempenho adequado ou acima do previsto (Oyadomari, 2008).

Tabela 5. Exemplos de influência do orçamento na orientação para o mercado

Informações advindas do orçamento	Orientação para o mercado
Participação de cada produto/serviço na composição da receita orçada e da receita executada	Análise de tendência de necessidade dos clientes a partir do histórico de receita de cada produto/serviço. Análise de participação da receita para cada produto/serviço para motivar a exploração do marketing.
Participação de cada produto/serviço na composição do gasto orçado e gasto executado	Comparar os desvios dos gastos entre os produtos/serviços ofertados para diferentes situações, como aspectos regionais, lojas etc. Análise de margem de contribuição e lucro bruto para identificar produtos, lojas e serviços, regionais com desempenho fora do ideal.

Fonte: autoria própria

Na capacidade dinâmica, **inovação** é o processo de renovação de produtos e serviços e abrange os processos operacionais para produzir, vender e entregar tais produtos e serviços. A renovação de processos organizacionais leva a novas formas de desenho organizacional ou de gerenciamento. Assim, a organização tem a capacidade de transformar suas realidades de acordo com as informações que recebe de seu ambiente, podendo atuar como agente para a transferência e difusão de inovações.

Na perspectiva institucional, inovação é o processo de desenvolvimento e implementação de novas ideias pelas pessoas que, ao longo do tempo, se envolvem umas com as outras. O professor Oyadomari (2008) afirma que o processo de inovação ocorre por meio da geração de informações que possam gerar vantagem competitiva monetária e não-monetária sobre produtos e serviços, categorias de clientes e mercados. A questão comportamental que o modelo de mensuração pode influenciar no processo de inovação (Feldmann, Jacomosi, Barrichello & Morano, 2019).

A capacidade dinâmica de **empreendedorismo** é conceituada como uma atividade que envolve a descoberta, a avaliação e a exploração de oportunidades para introduzir novos produtos ou serviços que sejam viáveis de forma econômica. Também é considerada como a criação de novos canais de distribuição e novos clientes, como o reconhecimento de necessidades futuras. Nesta investigação, o foco é o empreendedorismo corporativo, conceituado como o processo de criação de novos negócios na organização já existente, como também o processo de renovação e inovação dessa organização.

O empreendedorismo corporativo é relacionado com melhoria no desempenho da organização. No caso, empreender envolve riscos que não são evitáveis, tanto para a situação financeira quanto para a carreira daqueles que foram responsáveis por projetos com prejuízo. No entanto, permite-se que as falhas sejam necessárias para o processo de inovação da organização. No papel do controle gerencial, quanto menor a rigidez na estrutura organizacional, maior é o grau de autonomia e de iniciativas. Da mesma forma, quanto mais se tem foco nas incertezas e riscos estratégicos, mais favorável é o comportamento empreendedor.

Tabela 6. Exemplos de influência do orçamento na inovação

Informações advindas do orçamento	Inovação
Participação de cada produto/serviço na composição da receita orçada e receita executada	Identificar condições, meios, formas, categorias de clientes, para alcançar públicos que podem impactar a receita. Criar vantagem competitiva para produtos que possuem maior participação na receita; ou diferencial para que o produto de menor participação seja entendido pelo mercado.
Participação de cada produto/serviço na composição do gasto orçado e gasto executado	Implementar novas ideias para diminuir os custos dos produtos/serviços. Análise do impacto das decisões tomadas para minimizar os gastos (nos processos) no resultado operacional.

Fonte: autoria própria

Nessas discussões, os mecanismos orçamentários devem ser mais flexíveis, para possibilitar a descoberta de novas oportunidades, o que necessita certo grau de reservas orçamentárias no momento da elaboração do orçamento. O ambiente de controle influencia o comportamento empreendedor quando o grau de liberdade e autonomia é maior, o que favorece o aumento de iniciativas e a ênfase no autocontrole e no controle social. Contudo, o controle não deve ser minimizado para estimular o empreendedorismo; deve ser coerente com a cultura empreendedora, que inclui alta tolerância ao risco, proatividade, receptividade à inovação e resistência à burocracia.

Desta forma, alguns fatores organizacionais facilitam o desenvolvimento de ideias inovadoras, como a adoção de estratégias de alto risco. Os conflitos, críticas e debates surgidos por meio da comunicação entre os membros organizacionais, também permite a adoção da inovação como um valor organizacional permanente. A inovação é relacionada à abertura às novas ideias, ou seja, orientada para a inovação, enquanto a capacidade de inovar é a implementação delas.

Tabela 7. Exemplos de influência do orçamento no empreendedorismo

Informações advindas do orçamento	Empreendedorismo
Participação de cada produto/serviço na composição da receita orçada e receita executada	Análise e discussão do impacto da exploração de novas ideias nas receitas dos produtos/serviços. Criação de ambiente de comunicação interna e atribuir responsabilidade.
Participação de cada produto/serviço na composição do gasto orçado e gasto executado	Permitir que cada área tenha autonomia com seu recurso e possa projetar novas ideias. Análise do impacto da exploração de novas ideias nos gastos. Isso servirá para debater o quão favorável ou quanto necessita de ajuste.

Fonte: autoria própria

A partir das definições e exemplificações de capacidades dinâmicas, pode-se inferir que, para que elas se materializem, os gestores devem fazer uso das informações providas pelo controle gerencial. Tal processo, assim como o orçamento, é uma rotina organizacional institucionalizada nas organizações (Scapens, 1994) e tem papel fundamental no processo de decisão. Para Barney e Clark (2007), os componentes de uma organização são relevantes, o que inclui a estrutura formal do comando, sistema de controle gerencial e política de remuneração.

Os componentes são, de forma frequente, chamados de **recursos complementares** porque, isoladamente, têm habilidades limitadas para gerar vantagem competitiva. Mas, em combinação com outros recursos e capacidades, podem habilitar a organização a utilizar todo o seu potencial para obter vantagem competitiva (Barney & Clark, 2007). Barney (1995), explicou que a vantagem competitiva resulta justamente da aplicação de cada recurso e cada capacidade que, com suas características particulares, estão à disposição.

PONTOS-CHAVE DO CAPÍTULO

- Embora no mundo dos negócios muitas pessoas associem a palavra "teoria" com algo puramente acadêmico, por vezes abstrato, nada poderia estar mais distante da verdade. As teorias explicam a causalidade e estão entre as ferramentas mais importantes e práticas que os gestores podem ter.
- A Teoria Baseada em Recursos explica o motivo pelo qual diferentes empresas, que competem no mesmo mercado, possuem desempenho diferente. Isso é dado pelas características internas de cada uma. O conjunto de ativos de cada organização é responsável pelo seu desempenho.
- A vantagem competitiva é uma estratégia de criação de valor que não pode ser implementada de forma simultânea, por qualquer concorrente atual ou em potencial.
- Recursos são fatores que as empresas possuem e controlam, não sendo disponíveis e transferíveis (ativos financeiros, físicos, capital humano e patentes). Capacidades são processos organizacionais baseados na informação, que retratam a capacidade de uma organização em implantar recursos de forma geral, em combinação, ao usar processos organizacionais para realizar um fim desejado.

- As capacidades dinâmicas envolvem esforço de aprendizagem e inovação para buscar, criar, integrar, renovar, selecionar e implantar recursos. O resultado disso é percebido na identificação de mudanças ou oportunidades, que levam ao desenvolvimento de processos ou de produtos/serviços.
- O controle gerencial tem o papel de induzir o processo de aprendizagem organizacional ao reconhecer que as informações geradas podem ser utilizadas para decisões.
- A partir do orçamento, a organização pode comparar resultados realizados de vendas e lucros, o que propicia motivações que favoreçam essa postura de orientação para o mercado, visto que os gerentes podem identificar produtos ou regiões que não obtenham desempenho adequado.
- A inovação ocorre por meio da geração de informações que possam propiciar uma vantagem competitiva sobre produtos e serviços, categorias de clientes e mercados.
- O controle influencia o comportamento empreendedor no momento em que o grau de liberdade e autonomia é maior, o que favorece aumento de iniciativas.

PERGUNTAS PARA OS GESTORES E LÍDERES

- Você conhece o verdadeiro motivo pelo qual sua empresa tem o atual desempenho? Quais são os recursos e capacidades dinâmicas que levam a esse desempenho? É necessária alguma alteração para obter vantagem competitiva?
- O controle gerencial influencia as capacidades dinâmicas de aprendizagem organizacional, orientação para o mercado, inovação e empreendedorismo? Como isso é disseminado pelo seu time?
- Em que sentido o orçamento ajuda o seu time a tomar melhores decisões? Em quais circunstâncias, o orçamento influenciou o comportamento dos colaboradores e permitiu tomar iniciativas empreendedoras?

CAPÍTULO **2**

O orçamento é um recurso complementar

Conhece-te a ti mesmo.

— Inscrição no portal do templo de Delfos, preservada por Platão

A GRANDE IDEIA

Provavelmente, muitos gestores bem-intencionados o aconselharam sobre como você pode usar o orçamento na sua organização. No entanto, por que é tão difícil prever — e manter — o seu melhor uso? Porque não estamos fazendo as perguntas corretas. Apesar do êxito e da contínua utilidade do orçamento como ferramenta gerencial, sem o estudo do seu potencial, não podemos encontrar novas possibilidades. Sem uma teoria como lente, não se oferece um roteiro que indique onde ou como uma organização deve melhorar sua eficiência ou explorar novas oportunidades de forma simultânea.

O ambiente econômico justificou a introdução do controle orçamentário nas empresas. De fato, o orçamento tradicional foi desenvolvido e implementado ao longo da Grande Depressão, como forma de ajudar a superar a situação crítica, caracterizada por uma queda no consumo interno, deflação e redução da margem de lucro (Berland & Chiapello, 2009). Naquela época, o orçamento deu suporte e tornou-se a ferramenta mais importante do controle gerencial. A partir disso, os termos "controle gerencial" e "controle orçamentário" têm sido sinônimos.

O orçamento, além de outros controles gerenciais, desempenha um papel importante para criar pressão competitiva, o que impulsiona a inovação e a adaptação. É percebido como um mecanismo que a empresa usa para assegurar que os comportamentos e decisões estejam de acordo aos objetivos e estratégias definidos. O orçamento é responsável por traduzir o que foi discutido e definido como objetivos estratégicos para o plano de ação, além de comunicar metas e servir como base para uma possível avaliação de desempenho (King, Clarkson & Wallace, 2010).

Este controle gerencial é abordado como o principal, entre outros controles gerenciais, e o mais antigo adotado pelas organizações (cooperativa, governo, empresa...), que continua a ter forte atenção na literatura e em materiais didáticos. O orçamento é entendido como um conjunto prospectivo de números que projeta o desempenho financeiro no futuro e algo importante para a avaliação da viabilidade financeira da estratégia que foi eleita ou para uma tomada decisão, caso sejam necessárias mudanças no plano geral.

A Teoria Baseada em Recursos (TBR) explica que a capacidade do gerente de reconfigurar os ativos da empresa à medida que se necessite, por conta da interação com o ambiente externo, melhora a relação do orçamento empresarial, assim como o desempenho da empresa. Nessa discussão, o orçamento é um recurso complementar, no qual auxilia para organizar com a intenção de tirar o melhor proveito do potencial dos recursos e capacidades.

Por exemplo, o orçamento empresarial fornece números que podem indicar se é rentável a manutenção de uma certa unidade ou produto. Por meio dos números descritos, pode-se tomar uma decisão que, possivelmente, levará a uma alteração desses ativos (recursos) para que se alcance um resultado desejável. Neste exemplo, o orçamento é o recurso complementar que auxilia a tirar melhor proveito do potencial dos recursos e capacidades da empresa.

Imagem 2. Capacidade do gerente de reconfigurar os ativos

Fonte: Slonme – Freepik.com

As discussões instigadas pelo orçamento são responsáveis pela análise de viabilidade e pela busca de melhor alternativa. Em outras palavras, pode ser utilizado para influenciar o empregado na implementação da estratégia definida pela gestão, o que origina a indução de metas, o controle de riscos, a aprendizagem organizacional e a inovação. É nesta circunstância que a TBR entende o orçamento como um recurso complementar.

O orçamento pode oferecer um cenário adequado para ativar a capacidade do gerente de empreender, inovar, aprender e se orientar para o mercado, o que favorece um desempenho maior por parte da empresa. É um instrumento para descrever o plano geral e os investimentos por um certo período, fornecendo embasamento aos objetivos e metas do plano estratégico da organização. Reconhece-se que ele serve para precisar objetivos futuros, elaborar planos a curto prazo, estimar recursos associados aos planos traçados, bem como para o estabelecimento de plano de investimento, para o desenvolvimento de plano de produção e compras, e a previsão da possível necessidade de mão de obra.

Além disso, o orçamento serve para dar forma ao plano estratégico de forma valorada, auxiliar a coordenação das diversas atividades organizacionais, atribuir responsabilidades dos executivos, autorizar os limites de gastos que eles têm o direito de utilizar e informá-los do desempenho esperado para eles, intervir para ratificar os planos, medir e avaliar a performance da empresa e acompanhar a estratégia, verificar seu grau de êxito e tomar ação corretiva.

Características e formas do orçamento

Para que seja adequado o desenvolvimento do orçamento em qualquer organização, têm-se alguns princípios orçamentários que, quando o gerente se propor ao desenvolvimento do orçamento em sua organização, também podem ser entendidos como um *checklist*. Esses princípios são: **envolvimento administrativo, adaptação organizacional, contabilidade por área de responsabilidade, orientação por objetivos, comunicação integral, expectativas realísticas, oportunidade, aplicação flexível, acompanhamento e reconhecimento de esforço individual e de grupo**. (Welsch, 1992).

O ponto principal é o **envolvimento administrativo**. O processo orçamentário pode ser comprometido caso os diretores e/ou gerentes não se envolvam. Na **adaptação organizacional**, diretores e/ou gerentes, devem ser identificados e, de forma posterior, cobrados. Na **contabilidade por área de responsabilidade**, centros de custos, unidades de negócios, centro de lucros e centro de responsabilidades, devem ser, de forma clara, definidos para contabilidade e lembrados para gerar informações.

Na **orientação por objetivos**, os objetivos devem ser ligados e unidos para possibilitar coerência entre as ações, priorização, avaliação e política de remuneração semelhante e adequada. Na **comunicação integral**, a comunicação deve ser clara e ancorada para dirimir de forma mais facilitada os problemas que deverão ser discutidos por todos. No princípio de **expectativas realistas**, o orçamento deve buscar evitar o plano acomodado, no qual o desafio não seja uma constante. Isso também vale para plano agressivo demais, que pode ter pouca possibilidade de se alcançar.

O princípio da **oportunidade** é voltado ao momento viável de dispor das informações para seu uso. Na **aplicação flexível**, o plano definido não deve dominar e limitar a organização. No princípio do **acompanhamento,** como o próprio nome apresenta, o orçamento deve ser acompanhado às suas variações. Por último, tem-se o princípio do **reconhecimento do esforço individual e do grupo.** Neste princípio, todo tipo de desempenho deve ser considerado e não dar foco apenas ao desempenho negativo. Welsch (1992) menciona que o foco no desempenho negativo pode dar origem ao pensamento de que o orçamento tem o papel limitado na punição de quem é avaliado.

O orçamento, além de princípios, possui premissas que servem como norte, com o intuito de iniciar seu processo de elaboração. Além disso, permite restrições para os envolvidos no que tange ao que pode ser considerado no planejamento para se buscar os objetivos estratégicos de toda organização e, em consequência, em desempenho maior. As premissas são: **cenários, pré-planejamento, operacionais, de estruturação e econômico-financeiras.**

Na **premissa cenário,** a análise é uma ferramenta imprescindível para o desenvolvimento de estratégias. Nesse sentido, a construção de cenários é o mesmo que a projeção de uma possível realidade (visão pessimista, visão real, visão otimista). No cenário, a organização deve ponderar todos elementos que podem comprometer as atividades organizacionais. Como exemplo, cenário mercadológico, político e econômico. Quanto à **pré-planejamento,** é uma tarefa na qual que se busca antecipar tendências esperadas pela alta administração.

Na **premissa operacional,** é o papel de elaboração do próprio orçamento. A estruturação aborda os critérios que devem ser ponderados, como a moeda que será utilizada e também a periodicidade para planejar. Por último, a premissa **econômico-financeira** discute o papel dos juros, inflação, variação de câmbio, entre outros. Vale ressaltar que essa premissa deve estar disponível antes do começo da elaboração do orçamento.

Tabela 8. O orçamento também possui tipos, que podem variar de acordo com cada organização.

Orçamento estático	Orçamento contínuo ou orçamento móvel
Orçamento base zero	Orçamento base histórico

Fonte: autoria própria

O **estático** é o mais disseminado entre as organizações, sobretudo entre as grandes. Ele é caracterizado por não permitir alteração após a elaboração do orçamento. Assim, tem-se o valor que é orçado no momento da elaboração e o que de fato aconteceu ao longo do período (real).

A variação entre o que foi orçado e o real é, de forma geral, discutida e entendida de acordo com o que aconteceu no período. Este ponto é dado como uma vantagem para esse tipo de orçamento. No entanto, também pode ser uma desvantagem, uma vez que engessa a organização. Além disso, também é reconhecida como vantagem a facilidade para acompanhamento do que foi planejado e não requerer muito tempo dos responsáveis, visto que não é permitido nenhum tipo de alteração após a sua elaboração.

O tipo **flexível**, conhecido como orçamento variável, é reconhecido por elaborar projeções com vários níveis de atividade. Dessa forma, permite alterações no que foi orçado nos custos, despesas e investimentos de acordo com o volume de produção ou as vendas. Também tem possibilidade de mudanças nos gastos quanto a despesas operacionais e com os funcionários da organização. Permitir acompanhar as variações de vendas e produção é a sua principal vantagem. Sua desvantagem está na necessidade de acompanhar os indicadores do negócio mais de perto, o que também requer mais tempo dos responsáveis.

O orçamento móvel, ou **contínuo**, ou ainda *rolling budget*, é elaborado para o período anual ou semestral, contando com revisões semestrais ou com prazos menores, como trimestral ou mensal. Isso pode depender da atividade que a organização exerce e sua interação com o ambiente, se perceber certa intensidade de evolução e/ou que seus produtos possuem ciclo de vida pequeno. É a forma mais dinâmica de trabalho com o orçamento.

A vantagem é justamente a dinâmica de alteração dada por um produto com ciclo de vida curto ou com mercados voláteis como, por exemplo, os setores da moda e de tecnologia. A cultura de acompanhamento mensal é vista como uma vantagem, pois não será necessário mobilizar a organização uma vez por ano para elaboração do orçamento anual. Desta forma, o orçamento será sempre atualizado, o que requer mais tempo dos responsáveis. Esse tempo consumido é visto como uma desvantagem.

No orçamento do tipo **base zero**, ou *zero-base budgeting*, não se considera os dados do passado. Tem-se o entendimento que os dados históricos ficam em desuso para que o erro não seja repetido ou para não incorporar ineficiências inerentes dos anos anteriores. Dessa forma, a elaboração do orçamento inicia-se praticamente do zero, ou seja, de uma base zerada.

Como vantagem, por considerar uma base zerada, a organização terá que analisar cada custo, despesa, investimento, eliminando o que não for necessário. Nesse quesito, pode liberar recursos para serem utilizados em outras demandas organizacionais. Na análise, é importante a proximidade entre os elaboradores do orçamento e o incentivo à alocação eficiente dos recursos. Como desvantagem, é necessário treinar o time para atuar nesse tipo de orçamento, e ainda requerer muito tempo para sua elaboração.

O tipo de orçamento **base histórico** é contrário ao orçamento do tipo base zero. No base zero, descartam-se os dados históricos. Neste outro, como o próprio nome apresenta, tem-se a utilização dos dados de períodos anteriores do orçamento. No entanto, aplica-se um percentual de crescimento aos resultados dos períodos anteriores, o que pondera a pretensão da organização para crescer suas receitas, refletindo diretamente nos custos e despesas.

A vantagem é que a organização aprende, sobretudo, por conta das experiências do orçamento em anos anteriores. Além disso, não necessita de muitos responsáveis na elaboração dele, pois não necessita de um longo tempo para a sua elaboração. Como desvantagens, o engajamento é preocupante para os gerentes, visto não ter envolvimento direto na elaboração e por não ser obrigatória uma análise para projeções de vendas, de custos e despesas e de investimentos.

Orçamento no processo de gestão

O processo de gestão de uma organização é caracterizado, de forma geral, pelas etapas de planejamento estratégico, planejamento operacional, elaboração do orçamento, execução e controle orçamentário (Oyadomari et al., 2023). Frezatti (2015) apresentou um modelo de processo de planejamento e controle (Tabela 9).

Tabela 9. Processo de elaboração do orçamento

	Planejamento Estratégico	Pré-planejamento	Planejamento Operacional	Controle
Produto	Plano estratégico com diretrizes e objetivos	Simulação dos principais objetivos, feito quase concomitantemente ao planejamento estratégico	Plano de todas as áreas, cujo espelho monetário é o *budget* (DRE, DFC, e balanço, principais indicadores)	Análise de variações orçamentárias
Processo	*SWOT Analysis* Modelo de 5 forças de Porter	Simulação e projeção dos grandes números	Envolvimento dos gestores das áreas para elaboração do orçamento	*Bridge analysis*, análise de margens, clientes, ROI etc.

Fonte: Frezatti, (2015)

Este processo começa com as diretrizes (prioridades estratégicas) definidas no planejamento estratégico e termina com a projeção das demonstrações contábeis orçadas (Demonstração do Resultado do Exercício, Balanço Patrimonial e Demonstração de Fluxo de Caixa) (Oyadomari et al., 2023).

Projeção de Demonstrações Contábeis

Para a projeção, mesmo que de forma rápida, é necessário identificar as diretrizes estratégicas que impactam as demonstrações contábeis nos seguintes aspectos: (1) eficiência; (2) rentabilidade e (3) fluxo de caixa.

Primeiramente, tem-se a Demonstração do Resultado do Exercício (DRE). Nesse relatório contábil, como o próprio nome diz, apresenta-se o resultado que a organização conseguiu durante um determinado período. Nesse caso em específico, é uma projeção.

Tabela 10. Projeção da DRE

Receita Bruta	Qtde. × preço de venda médio
Impostos	% sobre as receitas brutas
= Receita Líquida	
(–) Custos dos Produtos Vendidos	% das receitas líquidas ou calculadas por produto
= Lucro Bruto	Cálculo por diferença ou então por % da margem bruta em relação às receitas líquidas
(–) Despesas com Vendas	% das receitas ou detalhada por natureza (marketing, distribuição, equipe de vendas, provisão para perdas)
(–) Despesas Administrativas	% das receitas ou detalhada por natureza (pessoal, serviços de terceiros, ocupação, sede etc.)
= EBIT	Calculado por diferença ou, em alguns modelos simplificados, um percentual das receitas
(–) Resultado Financeiro	Esse valor depende da projeção do fluxo de caixa e das contas de empréstimos
= Lucro Antes do Imposto de Renda	Calculado
(–) Impostos sobre o Lucro	% informado pelo departamento tributário
= Lucro Líquido	Calculado

Fonte: Oyadomari et al, (2023)

Na Tabela 11, tem-se a previsão da Demonstração do Fluxo de Caixa (DFC). Nesse relatório contábil, apresentam-se as entradas e saídas do caixa durante determinado período. Dividem-se as entradas e saídas entre atividades operacionais, de investimento e de financiamento.

Tabela 11. Demonstração do Fluxo de Caixa (DFC)

DFC	
EBIT	Obtido da DRE Projetada
(+) Depreciação do período	Cálculo global % do ativo imobilizado inicial mais % sobre aquisições, ou informado pela área de patrimônio.
EBITDA	
(-) Variação da necessidade de capital de giro ou investimento em capital de giro líquido	Informação de planilha auxiliar
(-) Pagamento do IR	Informação da área tributária
= Fluxo de caixa das operações	Calculado
(-) Aquisições à vista de imobilizado	Informação do plano de investimento e da planilha auxiliar da conta imobilizado
(-) Aquisições à vista de intangível	Informação do plano de investimento e da planilha auxiliar da conta intangível
(+) Venda de imobilizado e intangível	Informação do plano de investimento e da planilha auxiliar da conta imobilizado e intangível
= Fluxo de caixa investimentos	
(-) Pagamento de dividendos	Informação da política de pagamento de dividendos
(-) Pagamento de empréstimos	Informação da política financeira e/ou da planilha auxiliar da conta empréstimos
(+) Novos empréstimos	Informação da política financeira e/ou da planilha auxiliar da conta empréstimos
(+) Aumento de capital	Informação da política financeira
= Fluxo de caixa de financiamentos	Calculado
= Fluxo de caixa total do período	Calculado
(+) Caixa inicial	(+) Caixa inicial
= Caixa final	Calculado

Fonte: Oyadomari et al. (2023)

Utilidades do orçamento

Nos últimos subtópicos, buscamos compreender a adequação do orçamento por meio de princípios, premissas e tipos. Ao concluir esse processo, o orçamento vai ser útil para gerentes, diretores e outros que atuam na organização. O que se sabe é que esse instrumento serve para diferentes utilidades nas organizações, podendo ser usado, de forma simultânea, para planejamento, previsões de atividades operacionais, determinar pagamento de bônus e avaliação de desempenho.

As organizações consideram o orçamento como ferramenta importante devido às suas utilidades e em relação aos resultados esperados gerados pelo seu uso. O estudo da literatura mostra que pode ser usado como um dispositivo de apoio de várias formas e em diferentes áreas de gestão.

Tabela 12. Utilidades tradicionais do orçamento

Planejar	Gerenciar
Avaliar	Motivar
Comprometer	Delegar
Coordenar	Comunicar

Fonte: Adaptado de Berland e Chiapello (2009)

Para gerenciar de forma adequada, suas atividades, antecipar decisões, avaliar resultados futuros e garantir um crescimento sustentável, os gerentes precisam ter visão clara do que acontece atualmente. Por conta da utilidade de planejamento, coloca-se o presente e o futuro em perspectiva. O orçamento serve para gerenciar, efetivamente, os negócios e recursos por meio de um planejamento detalhado de sua atividade. Na Tabela 1, percebemos como essas utilidades preenchem os seguintes objetivos:

- Gestão do equilíbrio financeiro
- Controle e regulação do desempenho
- Orientação e comprometimento do comportamento dos gerentes

A gestão do equilíbrio financeiro é obtida por meio da utilidade de planejamento. O orçamento ajuda a definir e delegar objetivos comuns dentro de toda a organização, o que obriga o colaborador a assumir como seu o objetivo estratégico da empresa (utilidade de delegação). A gestão do orçamento e a utilidade avaliação fornecem à gerência uma ferramenta de análise que permite medir o desempenho e que regulamenta o resultado.

Os objetivos predefinidos orientam as ações dos gerentes operacionais em relação às variáveis-chave de sua área. Ao mesmo tempo, o monitoramento de indicadores financeiros fornece informações úteis para gerenciar essas variáveis. A orientação e o comprometimento do comportamento dos gestores (utilidade de motivação e comprometimento) são alcançados por meio do estabelecimento de objetivos em colaboração com os gerentes, o que promove o intercâmbio de informações (utilidade de comunicação).

Isso torna os objetivos orçamentários mais confiáveis e reforça a coesão dentro da organização (utilidade de coordenação). Nesse contexto, percebemos que o orçamento tem uma série de utilidades. É responsável por alcançar os objetivos organizacionais, coordenar a atividade, capacitar e motivar funcionários e gerentes, oferecer o controle da atividade, tomar melhores decisões, identificar o desvio do que foi orçado e adotar e implementar medidas corretivas.

Hansen e Van der Stede (2004) dividiram o orçamento em quatro etapas de acordo à utilidade. As duas primeiras são para o curto prazo (i) planejamento operacional e (ii) avaliação de desempenho. As outras duas, alcançam o longo prazo (iii) comunicação de metas e (iv) formação de estratégias. Já Sivabalan, Booth, Malmi e Brown (2009) dividiram-no em três: planejamento, controle e avaliação. Ekholm e Wallin (2011) agruparam as utilidades orçamentárias entre planejamento e diálogo.

Embora existam diversas referências na literatura que propõem uma lista de utilidades do orçamento organizacional, esta investigação entende que as utilidades orçamentárias agrupadas entre planejamento e diálogo abarcam a maior parte dos demais estudos supramencionados. Essas utilidades são relacionadas à previsão, eficiência, orientação para metas de curto prazo, bem como voltada à criatividade, inovação, transparência, aprendizagem organizacional e adaptabilidade.

No planejamento, são agrupadas as utilidades de planejar, coordenar, alocar recursos e determinar volumes operacionais. Já no diálogo, são agrupadas as utilidades comunicação, criação de consciência e motivação. A utilidade orçamentária, agregada ao planejamento, pode fornecer restrições ao comportamento dos funcionários. Já a agregada ao diálogo, pode facilitar a busca por oportunidades, a criatividade e a inovação.

Figura 2. Utilidades do orçamento

Fonte: autoria própria

Na utilidade de planejamento, percebe-se um papel para quantificar, sinalizar metas a serem alcançadas, analisar os desvios e fazer as devidas correções necessárias, o que é denominado vertente diagnóstica. Ou seja, busca-se motivar os colaboradores a trabalhar de acordo com os objetivos propostos. Nessa vertente, mostra-se informações financeiras e não financeiras sobre os fatores de sucesso que, consequentemente, devem dar aos gerentes a compreensão de onde concentrar sua atenção, de forma que a empresa possa realizar a estratégia desejada.

As informações financeiras supõem a comparação do desempenho real com o planejado e indica os desvios. Mostram quando as metas estão sendo alcançadas e é uma restrição no comportamento do gerente.

Na utilidade de diálogo, percebe-se um papel alternativo do orçamento. É também denominado vertente interativa, ou seja, quando há troca de informações e ideias entre os níveis hierárquicos. Dados esses diversos papéis e possíveis benefícios, pode-se esperar que todas as organizações adotem uma prática formal do orçamento.

Nessa vertente, o orçamento inclui um processo de comunicação entre colaboradores de diversos níveis. O objetivo é desafiar as suposições e planos existentes da organização. Os gerentes usam a utilidade de diálogo para indicar prioridades e estimular o surgimento de novas estratégias e metas. É importante que não apenas a alta administração esteja envolvida nessa vertente de controle, mas toda a organização participe do diálogo. O diálogo deve ser aberto para provocar discussões e aprendizado contínuo.

Essas utilidades, agrupadas no planejamento e no diálogo, oferecem suporte à implementação da estratégia da organização. O suporte é dado ao garantir que os comportamentos e decisões estejam a favor da estratégia. Os números do orçamento podem conduzir a discussões entre os níveis hierárquicos diferentes, motivar o time, ao debate de ideias, ao intercâmbio de informações, assim como corrigir os desvios, atribuir responsabilidades, favorecer a criatividade, o aprendizado, entender os clientes, e à inovação.

Esse recurso complementar que, como visto, auxilia e busca explorar ao máximo o potencial dos recursos internos da organização, é um instrumento para distintas utilidades. As informações inerentes possibilitam uma melhora na eficiência dos recursos existentes e, de forma simultânea, uma busca pelas novas oportunidades dadas pela criatividade, inovação etc. E então, como busca atender a diferentes demandas, entende-se que o orçamento tem finalidade ambidestra.

PONTOS-CHAVE DO CAPÍTULO

- O ambiente econômico justificou a introdução do orçamento nas empresas. Foi desenvolvido e implementado ao longo da Grande Depressão, como forma de ajudar a superar a situação crítica caracterizada por uma queda no consumo interno, deflação e redução da margem de lucro.
- O orçamento é utilizado para influenciar o colaborador para a implementação da estratégia definida pela gestão, o que origina a indução de metas, o controle de riscos, a aprendizagem organizacional e a inovação.
- Para que o desenvolvimento do orçamento em qualquer organização seja adequado, têm-se alguns princípios orçamentários. Estes também podem ser entendidos como um *checklist*, quando o gerente se propor ao desenvolvimento do orçamento em sua organização.
- O orçamento auxilia a gerenciar, de forma adequada, as atividades, antecipar decisões, avaliar resultados futuros e garantir um crescimento sustentável. Os gerentes precisam ter visão clara do que acontece atualmente.
- Na utilidade de planejamento, são agrupadas as utilidades de planejar, coordenar, alocar recursos e determinar volumes operacionais. Tem-se um papel para quantificar, sinalizar metas a serem alcançadas, analisar os desvios e fazer as devidas correções necessárias, o que é denominado de vertente diagnóstica.
- Na utilidade de diálogo, são agrupadas as utilidades comunicação, criação de consciência e motivação. O objetivo é desafiar as suposições e planos existentes da organização. Os gerentes usam esse grupo de utilidades para indicar prioridades e estimular o surgimento de novas estratégias e metas.
- O orçamento como recurso complementar, de acordo com a teoria, auxilia e busca explorar ao máximo o potencial dos recursos internos da organização, visto ser um instrumento para diversas utilidades.

PERGUNTAS PARA OS GESTORES E LÍDERES

- Quais utilidades o orçamento exerce na sua organização? O seu time tem entendimento do conjunto de utilidades do orçamento?
- Como o orçamento é usado a partir do conjunto de utilidades de planejamento? E para o conjunto de utilidades de diálogo?
- O orçamento tem apoiado o seu time para gerar discussões entre os diversos níveis hierárquicos, motivar, debater ideias, intercambiar informações, favorecer a criatividade, o aprendizado e entender os clientes? Caso contrário, o que você pode fazer para disseminar o uso do orçamento para esses fins?

CAPÍTULO **3**

A ambidestria do orçamento

"A estrada mais segura para o inferno é aquela gradual — o declive suave, piso macio, sem curvas acentuadas, sem marcos de referência, sem sinalização."

— C. S. Lewis

A GRANDE IDEIA

Quanto mais pensamos que sabemos, mais frustrados ficamos toda vez que usamos o orçamento. Mas não é necessário deixar o destino à própria sorte. O êxito do uso do orçamento não depende de conhecer e explorar apenas da busca pela eficiência. Para que o orçamento saia do tradicionalismo para o previsível, é necessário explorar o mecanismo causal subjacente — entender toda a utilidade que servirá para compreender como melhorar a eficiência e, também, a inovação.

As organizações mais inovadoras, saudáveis e bem-sucedidas de hoje não ignoram ou evitam a complexidade; em vez disso, a abraçam, a alavancam e estudam suas lições. Por falar em lição, temos muito o que aprender com a história da Nokia, que evidencia, de forma clara, que as glórias do passado não podem, de forma alguma, garantir o futuro. Além disso, outra lição é que há muito em jogo quando "todos os ovos são colocados na mesma cesta". Permita-me contar e falar um pouco da Nokia, antes de prosseguirmos.

A Nokia, vista como sinônimo de telefonia celular em décadas anteriores, caiu no esquecimento. Por conta dos problemas, teve que vender o seu icônico edifício-sede para não ficar em uma situação ainda pior.

A empresa nasceu em 1865, na Finlândia, como uma fábrica de celulose. Seu nome era Nokia Aktiebolag. No período entre 1918 a 1922, outra empresa, também finlandesa, de nome Rubber Works Ltd. adquiriu a Nokia Aktiebolag e a fundiu com outra empresa chamada Cable Works. Todas as empresas foram oficialmente fundidas em 1967 e dali nasceu a Nokia Corporation.

Essa organização atuava na áreas de engenharia elétrica e telecomunicações. Em 1984, a Nokia integra a Mobira e passa a se chamar Nokia-Mobira. Em 1988, a empresa tinha participação de 13,8% no mercado global de telefones com tecnologia analógica. Sua concorrente, a Motorola, tinha uma participação de 13,4%. Em 1990, Jorma Ollila foi nomeado CEO e sua participação no mercado caiu para 10%.

A Nokia atingiu um marco em 1991, quando seu telefone foi utilizado para fazer a primeira chamada de inauguração da rede Global System for Mobile (GSM). De fato, foi a Nokia que desempenhou um papel fundamental na mudança da tecnologia do antigo Nordic Mobile Telephone (NMT) para o GSM. Em meados daquela década, seguindo o padrão do mercado móvel, a participação da Nokia no segmento ganhou impulso substancial.

Como o CEO Ollila acreditava que o know-how e a inovação só teriam um efeito de longo prazo na empresa, foi dada importância à P&D e, como resultado, o Nokia Research Center tornou-se uma instituição cobiçada na área de telecomunicações móveis. Além disso, as colaborações que a ala de P&D fizeram com várias universidades e centros de conhecimento ajudaram a ter uma vantagem competitiva. Eles também propuseram um programa de educação interna que teve impacto no P&D (Ali-Yrkkö, 2010).

Tudo isso ajudou a Nokia a obter um crescimento estupendo e a consolidar sua posição no mercado. A empresa também se aventurou a criar unidades de fabricação fora da Finlândia, o que permitiu aumentar sua participação de mercado para 14% em 1996. Tudo isso lhe permitiu se tornar a primeira na fabricação de celulares, em 1998. Em 2002 teve sua estrutura alterada. A reorganização e o forte impulso em P&D permitiram o desenvolvimento do "smartphone" — um dispositivo que convergia telefonia com tecnologia de computadores em um único aparelho.

Em 2003, a Nokia lançou dois de seus produtos de maior sucesso: o aparelho 1100 e o telefone Nokia 1110 (Você teve um?). Como resultado de pesquisa e desenvolvimento consistentes, em 2006, a Nokia lançou o N95, seu carro-chefe e primeiro smartphone. Durante aqueles tempos, a Nokia conseguiu dominar o mercado com a ajuda do seu sistema operacional. O N95 ajudou a empresa a dar um salto quântico em sua participação de mercado, de 33% para 36% em um período de apenas 2 meses. No geral, a participação de mercado da Nokia no setor de smartphones foi superior a 70%. Todos os concorrentes ficaram para trás, apesar da presença da empresa na América do Norte não ser firme. (Ali-Yrkkö, 2010).

Destaco que este foi o principal momento da Nokia. Além disso, acredito que ela foi a pioneira na criação de um mercado para smartphones, o que mais tarde se revelou uma "mina de ouro" para players como a Apple, a Samsung e outros. Ao mesmo tempo, foi desastrosa à empresa e à sua concorrente da época, a Motorola.

Em 2007, os mercados viram a "segunda vinda do smartphone", que estabeleceu padrões mais altos para a experiência do usuário. Foi nesse ano que a Apple lançou seu iPhone. Esses telefones iOS da Apple, com sua inovadora Interação Humano-Computador (HCI), estabeleceram padrões com relação à experiência do usuário. Isso resultou na Apple engolindo o mercado da Nokia nos EUA, o que logo foi seguido na Europa.

Em 2010, o Android e o iOS da Apple fizeram um progresso estupendo no mercado. No mesmo ano, a Nokia nomeou Stephen Elop como CEO. Para manter a vantagem competitiva, anunciou a mudança do seu sistema operacional. Essas modificações não tiveram nenhum impacto no mercado, que já havia galvanizado para Android e iOS. A sorte da Nokia começava a mudar.

As vendas foram por água abaixo, ela teve que fechar várias fábricas e até mesmo suas instalações de P&D. Um grande número de funcionários foi despedido em todo o mundo, devido a essas mudanças. As coisas ficaram difíceis para a Nokia. As vendas e a receita caíram, os preços das ações despencaram drasticamente e a capitalização de mercado sofreu um baque.

Em 2012, a empresa demitiu mais de 10 mil funcionários em todo o mundo. Em 5 de dezembro do mesmo ano, também foi obrigada a vender sua sede histórica por €17 milhões. Em 2013, veio o anúncio impressionante de que a gigante norte-americana Microsoft iria adquirir a unidade de dispositivos móveis da Nokia. Uma lendária empresa de tecnologia faliu devido ao ataque da revolução tecnológica!

Imagem 3. Mudança causa reflexão

Fonte: Who Is Danny – Freepik.com

Após esse acordo, a outrora poderosa e estupenda Nokia tornou-se uma empresa truncada. Ficou apenas com suas aplicações de mapeamento e operações de infraestrutura (*Nokia Solutions and Networks*) e os direitos de desenvolvimento e licenciamento de tecnologias avançadas. Assim, a fabricação de celulares da Nokia tornou-se história!

A partir desse relato, deixo a reflexão: O que levou a Nokia — maior empresa de telefonia móvel da década de 1990 e início de 2000, que já deteve 80% do mercado — a essa situação?

Alguns autores apresentam motivos para o declínio, como a mudança de liderança que alterou a condução da organização. Jia e Yian (2015) entendem que Ollila era um visionário; o sucessor, Kallasvuo, um construtor de instituições. A nova liderança falhou, de forma drástica, em traduzir seus insights estratégicos ligados a inovações disruptivas. A reorganização levou a um novo desenho organizacional, no qual houve conflito entre a "cultura do controle" e a "cultura inovadora".

A falta de foco com os múltiplos lançamentos de produtos e a forte segmentação do mercado. A Nokia se concentrou apenas no desenvolvimento de telefones celulares de última geração e no software necessário, somente para superar seus concorrentes. No entanto, sem dar ouvidos às condições externas e ao desenvolvimento do mercado. Jia e Yin (2015) atribuíram como motivo a inviabilidade do sistema operacional do telefone, ao considerarem que o sistema Android para smartphone, lançado pelo Google em 2008, foi algo como uma revolução ou reforma no mercado. Posteriormente, os smartphones carregados com Android, e também o iPhone, conquistaram os mercados. Isso tornou a posição de mercado da Nokia vulnerável.

Por fim, o que julguei mais interessante foi a importância que a Nokia dava ao *hardware* em detrimento do *software*. Lembro-me de colegas (sim, sou dessa época) que mencionavam que o seu celular era inquebrável, em prolongar a vida útil da bateria etc. Como percebemos, a Nokia mantinha seu foco em inovações tecnológicas como aparelhos "inquebráveis", ignorando uma série de problemas fundamentais. E isso, leva à conclusão de Jia e Yin (2015), que entendem que houve excesso de confiança da empresa, mantendo seu sistema operacional por ter anteriormente dado grande lucro. A Nokia esperava ter sucesso trazendo "a experiência e a ordem da velha era para a nova".

Justifico a importância da ambidestria organizacional por meio dos motivos que levaram ao declínio da Nokia. Este conceito aborda a capacidade de uma organização para atender demandas diferentes de forma efetiva. Qual a importância de entender isso? Bem, a partir da história da Nokia percebemos a necessidade da organização em se adaptar ao ambiente volátil, incerto e dinâmico. Isso quer dizer que se deve utilizar da melhor forma os recursos que podem resultar em eficiência e a buscar explorar novas ideias.

A ambidestria foi aplicada, de forma tradicional, ao estudo sobre a estratégia, aos sistemas industriais complexos e à gestão da inovação (Tushman & O'Really, 2013). Quando os gestores, necessitam alcançar objetivos estratégicos, tem-se a necessidade de equilibrar as demandas para garantir o sucesso e a sobrevivência no longo prazo (Henri, 2006). E quais são essas demandas? Duas que já abordamos. A demanda da eficiência e a demanda da busca pela inovação. Veremos, posteriormente, com o nome demanda simultânea.

As organizações necessitam alterar suas estruturas ao longo do tempo para possibilitar inovação e eficiência. Essas demandas simultâneas são encontradas na forma de dualidades enfrentadas pelos diversos modelos de negócios. Como exemplo de dualidade: posicionamento estratégico de baixo custo e diferenciação, sistemas tradicionais e sistemas ágeis, uso diagnóstico e uso interativo.

Desse modo, as organizações devem tomar decisões sobre a aplicação de recursos, de acordo com a estratégia escolhida para competir no mercado (diferenciação e/ou custos). Outro tipo de dualidade discutido na literatura é o *exploration* e a *exploitation*. O *exploration* é a busca por novas oportunidades e a *exploitation* é a busca pela eficiência dos recursos.

Ambidestria Organizacional

É importante o balanceamento na aplicação de recursos, de forma que as dualidades *exploration* e *exploitation* sejam alcançadas de maneira simultânea, para melhorar o desempenho e garantir a continuidade. Assim, a organização deve buscar a eficiência, a efetividade e a conformidade (*exploitation*) e, ao mesmo tempo, implementar a criatividade e a exploração de novos recursos (*exploration*).

Essas dualidades são atividades de aprendizagem essencialmente diferentes, as quais concorrem com a atenção e com recursos escassos da organização. Em síntese, a ambidestria é aquilo que demonstra destreza, tanto em atividades de aproveitamento das capacidades atuais (*exploitation*), quanto em atividades de prospecção de novas competências e busca de novas oportunidades (*exploration*).

Figura 3. Ambidestria organizacional

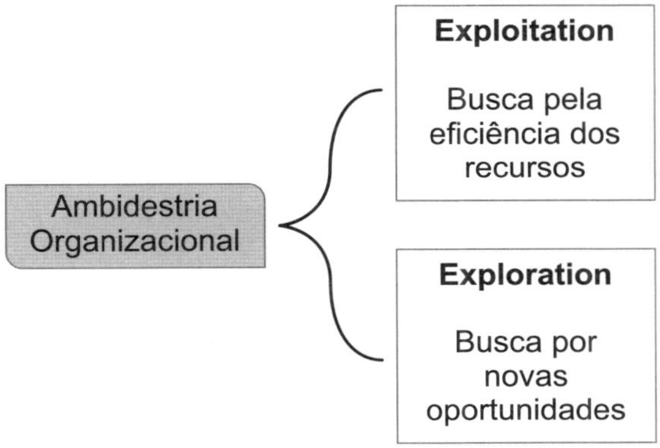

Fonte: autoria própria

A *exploitation* é relacionado ao refinamento, à adaptabilidade e à eficiência de recursos. Vale ressaltar que deve ocorrer um equilíbrio para que a organização aumente o desempenho e a competitividade. As atividades incluem melhoria continua, *benchmarking* etc. O seu foco é garantir a sobrevivência no curto prazo, mas isso não é garantia de sucesso no futuro. Foi o que vimos no caso da Nokia, que se concentrou de forma exclusiva na *exploitation*.

Além da Nokia, presenciamos também a Blackberry, que lutou no mercado apenas na *exploitation*. Enquanto essas organizações se concentravam na busca pela eficiência dos recursos, o momento era que estava em surgimento todo um mercado, com novos *players* — o mercado dos smartphones. Dessa forma, o foco limitado é uma armadilha que torna as empresas míopes às mudanças do ambiente.

O *exploration* é voltado à capacidade gerencial de criação, inovação, experimentação, gerenciamento de riscos, mudança, flexibilidade, pesquisa e descoberta. Este termo é usado para descrever atividades de inovação, além das competências centrais da organização. É visto como excitante e lucrativo à primeira vista.

Mas, exemplos de organizações como a Eastman a Kodak ou a Xerox, ou mesmo a Motorola, demonstram os perigos do *exploration*. É muito fácil cair na armadilha de um ciclo interminável por buscas e mudanças inúteis, sem maximizar o potencial de todos os esforços traduzidos em produtos ou serviços inovadores. A Nokia falhou nesse ponto também.

Enquanto a empresa trabalhava duro para oferecer um aparelho de última geração, ignorava o gosto do consumidor, que mudava rapidamente. Não deu a devida importância à formação de novas lideranças, comprou uma empresa com preço exorbitante e não se atentou que poderia ter economizado somas substanciais de dinheiro, apenas com o desenvolvimento interno do serviço de mapas e navegação.

Para se ter uma amostra de ambidestria organizacional e ilustrar a diferença entre *exploitation* e *exploration*, vamos usar o exemplo de uma das organizações mais admiradas de nossos tempos, a Apple.

Na linha de produtos da Apple, em 2014, você teria encontrado, por exemplo, o *MacBook Air*. É possível traçar suas raízes até o *Apple Lisa*, de 1983. Obviamente, as funcionalidades se alteraram, o tamanho e a potência também. Como usuário, você poderia ter acompanhado as diversas gerações para auxiliar nas suas demandas pessoais e profissionais.

Este é um exemplo de como a Apple foi capaz de usar a *exploitation* como poderosa ferramenta de inovação para se manter alinhada com os tempos de mudanças e aos seus concorrentes. Depois, com o advento de novos produtos e serviços em torno do *iPod*, *iPhone* e *iPad*, a *exploitation* por si só não pode ser a explicação. Esses novos produtos e serviços são resultados de atividades de *exploration*. Cada um desses três produtos muito admirados e seus serviços associados criaram um novo espaço competitivo.

O *iPod*, por exemplo, em conjunto com o *iTunes* se tornou um novo dispositivo inovador para os amantes da música que queriam títulos individuais — legalmente. O *iPhone* se tornou o símbolo de uma nova categoria, o smartphone. O *iPad* criou a categoria hoje conhecida como tablets. Com o lançamento de cada um desses produtos e serviços associados criaram-se novas categorias e novos espaços competitivos. De forma regular, cada um desses produtos foi atualizado e ajustado.

Então, em cada lançamento de uma versão, o modelo representa uma nova geração do *iPhone* — gerações estas criadas por meio da *exploitation*, não do *exploration*.

Com seu histórico, a Apple demonstrou bom desempenho na ambidestria, ao vincular e alinhar, de forma proposital, os processos de *exploration* e *exploitation*. A *exploration* oferece a oportunidade de criar um novo espaço competitivo. No entanto, isso não é suficiente. Dentro desse novo espaço competitivo, as atividades de *exploitation* são importantes para proteger a posição.

Quando se tem foco apenas em uma das demandas, pode-se conduzir a organização a um estado de equilíbrio abaixo do ideal. Um equilíbrio entre ambas as dualidades que competem entre si é de suma importância para a continuidade da organização. Estudos sugerem que o equilíbrio entre as dualidades, ao longo do tempo, possui efeitos significativos no desempenho organizacional.

O foco de muitas organizações está na atividade de eficiência de recursos (*exploitation*), visto ser associada à certeza, eficiência e ganhos de curto prazo, enquanto a busca por novas oportunidades (*exploration*) está associada à incerteza, ineficiência e custos. As organizações que se concentram apenas na *exploitation,* com o intuito de aumentar suas receitas e lucros, não podem acompanhar as mudanças ambientais e tecnológicas.

Por outro lado, as organizações que se concentram apenas na *exploration* são capazes de se adaptar às mudanças e são inovadoras, porém podem não ser capazes de obter retornos sobre o seu capital investido. De fato, a obtenção de um equilíbrio saudável entre ambas é essencial para a continuidade e sucesso ao longo prazo. A dificuldade que se enfrenta pode requerer estruturas, habilidades diferentes, e podem ser apoiadas por meio de mecanismos de controle gerencial.

A ambidestria organizacional pode, assim, ser influenciada e apoiada por diferentes meios e abordagens do controle gerencial. A ambidestria organizacional é entendida como pré-condição para o sucesso e para a sobrevivência da organização. É imprescindível que se encontre o equilíbrio correto em um contexto com recursos limitados. Vale destacar que a ambidestria pode existir nas formas estrutural e contextual.

A ambidestria estrutural significa a separação de atividades *exploration* e *exploitation* por meio de uma estrutura dual na organização. Por exemplo, diferentes unidades de negócios se concentram em *exploration* ou *exploitation*. Essa separação é necessária, de forma frequente, devido à natureza diferente das atividades. Uma organização pode estabelecer uma estrutura na qual as unidades P&D e de desenvolvimento de negócios sejam responsáveis pela *exploration* de novos recursos.

Esse tipo de ambidestria é mais adequado para ambientes com necessidades relativamente maiores de inovação incremental, ou seja, inovação não muito distante do seu negócio estabelecido (por exemplo, negócio tradicional de busca/navegador no caso do Google) (Li & Merchant, 2021). A vantagem da separação estrutural é que os funcionários têm objetivos e tarefas claramente definidos. Mas, a separação também envolve riscos do isolamento das diferentes tarefas. Assim, a integração e transferência contínua entre unidades de negócios separadas entre as atividades é de vital importância e interesse.

A ambidestria contextual significa a integração e a busca simultânea de atividades de *exploration* e *exploitation* em uma unidade de negócios. A abordagem requer sistemas e estruturas mais flexíveis que permitam que os funcionários individuais decidam sozinhos quanto tempo investir nessas atividades. Como exemplo, funcionários ambidestros são informados e agem no interesse da organização sem permissão ou apoio dos superiores.

Algumas organizações (como Google e 3M) são conhecidas por políticas de "tempo de inovação" que permitem que os funcionários dediquem 15% ou 20% do seu tempo a atividades criativas. Outras organizações (por exemplo, Oracle) permitem que as equipes de projeto aloquem o tempo de uma ou duas pessoas para "projetos de estimação".

Outra forma popular de reservar tempo para explorar novas oportunidades, são os chamados *hackathons* corporativos. Ou seja, reunir profissionais, em um curto período de tempo, com a intenção de criar soluções inovadoras para algum problema em particular. É bastante disseminado em quase todas as grandes organizações de tecnologia atualmente (por exemplo, Facebook e PayPal) e se espalha rapidamente para as que não eram tradicionalmente vistas como organizações de tecnologia (por exemplo, CapitalOne).

Além do benefício direto para explorar novas oportunidades, *hackathons* podem facilitar a formação de equipes, aprendizagem organizacional, reconhecimento e retenção de talentos e satisfazer as necessidades dos funcionários, tanto de pertencimento quanto de realização (Li & Merchant, 2021). Vale destacar que também existem riscos: os funcionários podem gastar muito tempo em debate de novas ideias e ignorar suas responsabilidades nas tarefas rotineiras.

Assim, tem-se um desafio fundamental para os gestores, que é fornecer aos funcionários orientação sobre como equilibrar tarefas existentes com a busca por novas oportunidades. A pressão consistentemente alta por desempenho de curto prazo não permite tempo para pensamentos criativos. Os funcionários, de forma inevitável, gravitarão em torno das tarefas de rotina mais fáceis de medir e não alocarão tempo suficiente para pensar em formas melhores de fazer as coisas (Li & Merchant, 2021).

Os funcionários ambidestros são motivados a se adaptar às novas oportunidades, de acordo com os objetivos da organização. A vantagem deste tipo de ambidestria é que as atividades são integradas desde o início e não há risco de isolamento. Desta forma, mecanismos de controle gerencial devem ser usados para gerenciar o comportamento dos funcionários e criar um contexto que suporte atividades *exploration* e *exploitation*.

A ambidestria e o controle gerencial

A relação entre a ambidestria e o controle gerencial é iniciada pelo estudo de Simons (2010). No estudo, o autor entende que os mecanismos de controle gerencial são ferramentas tradicionais para busca de eficiência dos recursos (*exploitation*). A perspectiva unilateral e única se dá por conta de grande omissão, o que se percebe apenas como foco na implementação eficiente e eficaz dos recursos existentes.

Nessa perspectiva, o orçamento possui o papel de planejar, controlar, corrigir desvios e medir o desempenho. Uma visão mecanicista e limitante, no nosso entendimento. Acredito que até aqui você já mudou de ideia. É uma ideia de controle de cima para baixo, estabelecimento de padrões e monitoramento direto.

Ainda segundo o próprio Simons (2010), devemos entender que o orçamento (e outros controles gerenciais) tem capacidade de proporcionar o desenvolvimento de criação, experimentação, novas capacidades e da identificação de oportunidades. O equilíbrio entre *exploration* e *exploitation* pode ser dado ao entender que o orçamento possibilita a representação dos objetivos estratégicos, visto que define metas, mensura atividades e atribui responsabilidade. Discutimos isso no capítulo anterior.

Ao considerar o papel do orçamento, tem-se o aumento da capacidade de gerenciar, influenciar os colaboradores e gerentes em direção aos objetivos estratégicos, e criar uma situação propícia para suporte às duas demandas simultâneas. Como vimos no capítulo anterior, ao utilizar o orçamento para o planejamento e para o diálogo, o nível de aumento na busca por atividades *exploration* e *exploitation* cresce, cria meio ideal para ambientes incertos e com mudanças contínuas.

As utilidades do orçamento facilitam as demandas simultâneas, o que eleva o comprometimento dos funcionários e foca em ações nas quais os resultados são almejados. Essa relação entre as utilidades do orçamento de planejamento e de diálogo e a ambidestria organizacional nas atividades de *exploration* e *exploitation* é considerada, visto que as informações do orçamento possibilitam saber quais atividades necessitam de eficiência e, também, analisar a possibilidade de se reinventarem.

Figura 4. Ambidestria do orçamento

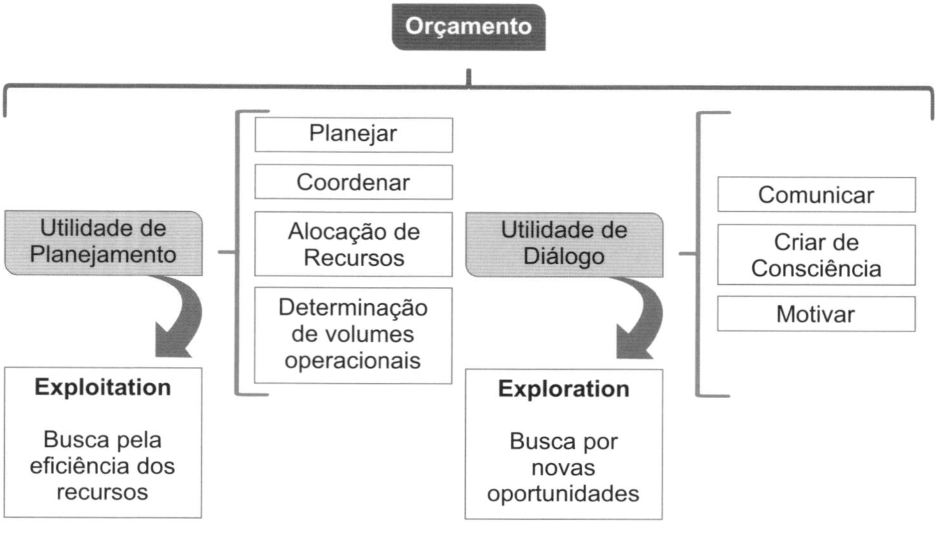

Fonte: autoria própria

A utilidade do orçamento de planejamento enseja a mobilização de recursos e a geração de uma resposta acelerada para as oportunidades e ameaças identificadas, habilitar os gerentes na implementação de novas ideias com rapidez e produzir vantagem competitiva. Ao retomar o exemplo da Nokia antes do declínio, durante a gestão do CEO Jorma Ollila, seus controles eram caracterizados por certa rigidez.

O CEO utilizava a "cultura do controle", o que não o impediu de ser reconhecido como visionário. Ou seja, pode-se entender que os controles gerenciais tinham importância e que ensejavam a criação de vantagem competitiva. Quando assumiu a Nokia, a empresa deixou de ser diversificada e abandonou seus negócios secundários, visando consolidar as operações em dois grupos, o telefone celular e a rede.

Ao propor o uso do orçamento na Nokia, pode-se entender que sua utilidade era a busca da eficiência de recursos. Muito embora a estratégia de Ollila tenha surtido efeito nas fases iniciais, teve o efeito de não acompanhar as tendências dos clientes e também de "colocar todos os ovos na mesma cesta". Pode-se entender destaparte que, talvez, o orçamento não tinha papel além da tradicionalidade.

Na utilidade do orçamento de diálogo, percebe-se que auxilia a identificar novas oportunidades e ameaças, foca a atenção em ambientes de incerteza, habilita a renovação estratégica, assim como ativa a inovação, visto o estímulo do diálogo e o debate organizacional (Simons, 1995). Na Nokia, para fins de exemplo, percebe-se que essa utilidade seria importante para propor comunicar, independentemente do nível hierárquico, criar consciência e diálogo entre o time.

De forma lógica, não digo que a Nokia não usava o controle gerencial dessa forma. Longe disso, apenas uso o exemplo como forma de demonstrar a aplicabilidade. Principalmente, ao recordar que a empresa foi caracterizada por esperar ter sucesso a partir da aplicação "da experiência e da ordem da velha era para a nova", sua intenção era criar inovações que visassem ser compreendidas como celular inquebrável, com prolongação da vida útil da bateria e excesso de confiança em seu sistema operacional em um momento em que havia entrantes disruptivos no mercado.

Outro ponto interessante é se incorporarmos nessa discussão as capacidades dinâmicas de inovação, empreendedorismo, orientação para o mercado e aprendizagem organizacional. Ou seja, abordando pontos que a Nokia poderia ter tido melhores propostas, sobretudo na orientação para o mercado e na aprendizagem organizacional.

Entendo que a relação entre o orçamento e a ambidestria organizacional possibilita identificar oportunidades, descobrir ameaças no mercado, alocar recursos, corrigir desvios, motivar a equipe, atribuir responsabilidade visando a redução de ameaças do ambiente. *Exploration e exploitation* são complementos imprescindíveis para empreender, inovar, aprender e orientar no mercado, visto que a ambidestria esclarece as oportunidades e ameaças em diferentes arranjos organizacionais (Birkinshaw, Zimmermann & Raisch, 2016).

Por fim, o orçamento, por gerenciar o comportamento dos colaboradores e criar um contexto que suporte as intenções *exploration e exploitation*, é ambidestro. A utilidade agregada ao planejamento executa as intenções expressas na atividade de busca por eficiência, a efetividade e a conformidade (*exploitation*). De forma semelhante, a utilidade agregada no diálogo executa as intenções expressas de implementar a criatividade e a exploração de seus recursos (*exploration*).

Nos próximos capítulos discutiremos esses pontos. Vamos lá!

PONTOS-CHAVE DO CAPÍTULO

- Temos muito o que aprender com a história da Nokia, que evidencia, de forma clara, que as glórias do passado não podem, de forma alguma, garantir o futuro.
- Organizações necessitam alterar suas estruturas ao longo do tempo para possibilitar inovação e eficiência. Duas demandas simultâneas que são encontradas na forma de dualidades.
- A ambidestria é aquilo que demonstra destreza tanto em atividades de aproveitamento das capacidades atuais (*exploitation*), quanto nas de prospecção de novas competências e busca de novas oportunidades (*exploration*)
- Enquanto a empresa (Nokia) trabalhava duro para oferecer o aparelho da última geração, ignorava o gosto do consumidor, que mudava rapidamente.
- O foco de muitas organizações está na atividade de eficiência de recursos (*exploitation*), visto ser associada à certeza, eficiência e ganhos de curto prazo, enquanto a busca por novas oportunidades (*exploration*) está associada à incerteza, ineficiência e custos.
- Devemos entender que o orçamento (e outros controles gerenciais) tem a capacidade de proporcionar o desenvolvimento de criação, experimentação, novas capacidades e da identificação de oportunidades.
- Ao considerar o papel do orçamento, tem-se o aumento da capacidade de gerenciar, influenciar os colaboradores e gerentes em direção aos objetivos estratégicos e criar situação propícia para suporte às duas demandas simultâneas.
- A utilidade do orçamento de planejamento enseja a mobilização de recursos e a geração de uma resposta acelerada para as oportunidades e ameaças identificadas, habilitar os gerentes na implementação de novas ideias com rapidez e produzir vantagem competitiva.

- Na utilidade do orçamento de diálogo, percebe-se que auxilia a identificar novas oportunidades e ameaças, foca a atenção em ambientes de incerteza, habilita a renovação estratégica, ativa a inovação, visto o estímulo do diálogo e o debate organizacional.

PERGUNTAS PARA OS GESTORES E LÍDERES

- Qual o foco atual da sua organização em relação a demandas simultâneas? Como você pode disseminar no seu time a importância da busca pela eficiência e inovação?
- Você consegue considerar seu orçamento como ambidestro? Onde se encontram as lacunas que necessitam ser pensadas em caso de resposta negativa?

CAPÍTULO **4**

O orçamento para melhorar a eficiência

"O mito e a uniformidade, destroem o mais precioso dom da juventude: o enorme poder da imaginação."

— Paul Feyerabend

A GRANDE IDEIA

Normalmente, as organizações se estruturam em torno do uso eficiente dos seus recursos, mas as empresas de crescimento bem-sucedido agem de forma diferente. A vantagem competitiva é conferida àquelas que atacam, de forma simultânea, duas demandas simultâneas. Você pode ir à raiz da questão ao entender o papel da ambidestria.

Como vimos nos últimos capítulos, o orçamento é um controle fundamental, que exerce diferentes utilidades e se relaciona com várias fases do processo de gestão. Descrevemos essas utilidades no capítulo 2 para o planejamento (planejamento, coordenação, alocação de recursos e determinação dos volumes operacionais) e o diálogo (comunicação, criação de consciência e motivação). Ao longo dos capítulos, busquei familiarizá-lo com essa discussão.

Dessa forma, o orçamento tem uma utilidade que contempla o controle para alcançar a meta (planejamento). De forma simultânea, o orçamento tem utilidade para explorar novas oportunidades (diálogo). Também vimos que o orçamento é usado para influenciar o funcionário na implementação da estratégia da organização. Em consequência, se o que foi traçado (plano de ação) e traduzido em metas de curto prazo for implementado pelo time, a organização é conduzida para o desempenho desejado.

Vimos na teoria que o orçamento exerce o papel de recurso complementar. Você lembra? Busca-se tirar o melhor proveito do potencial dos recursos e capacidades que cada empresa possui. O uso do orçamento requer que o colaborador busque a eficiência dos recursos internos durante as atividades. Além disso, requer que o time alcance a estratégia.

Durante todo o processo de planejamento e de desenvolvimento da atividade, o time fica atento para novas tecnologias que surgem, alterações no mercado, formas otimizadas de uso de máquina, racionalização de métodos e trabalhos, mecanização e aparecimento de crises. O cenário externo e interno pode se alterar a todo momento. E isso passa pela habilidade de cada um em lidar com essas circunstâncias. O que vimos é que as capacidades dinâmicas como empreendedorismo, inovação, aprendizagem organizacional e orientação para o mercado são essas habilidades.

As capacidades dinâmicas são habilidades para reconfiguração dos recursos para lidar com as mudanças e desenvolver novas competências. O orçamento tem total interação com essas capacidades dinâmicas. Tanto na sua utilidade de planejamento quanto no diálogo. E, em consequência, influenciará o desempenho da organização.

Tradicionalmente, o orçamento foi visto com pouca utilidade, de forma isolada e não interligada. Porém, como vimos anteriormente, possui utilidades que oferecem suporte à implementação da estratégia e ao estímulo do diálogo. Visto dessa forma, pode-se melhorar a eficiência dos recursos existentes (*exploitation*) e buscar novas oportunidades (*exploration*), como apresenta a ambidestria organizacional. O orçamento ambidestro é importante para as capacidades dinâmicas.

Neste capítulo, vamos analisar como a utilidade orçamentária de planejamento fornece possibilidade para melhorar a eficiência das organizações (*exploitation*). A discussão foi dividida entre as capacidades dinâmicas. Primeiramente, analisamos a partir das capacidades da organização em empreender e inovar. Depois, analisamos a capacidade das organizações de aprender e se orientar para o mercado.

Figura 5. Ambidestria do orçamento, *exploitation*

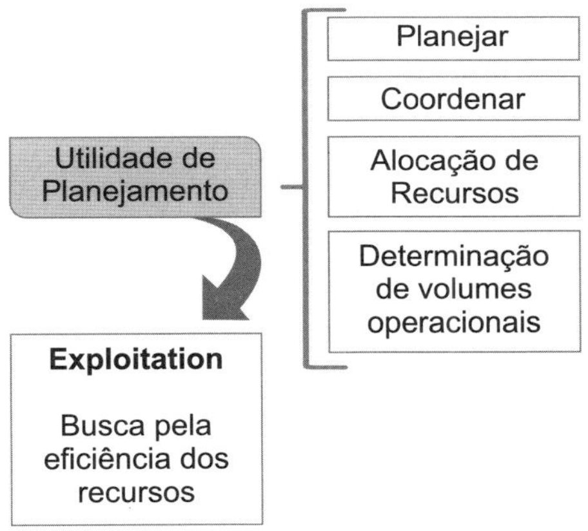

Fonte: autoria própria

Capacidade da organização empreender e inovar e a utilidade do planejamento

Nessa tensão inerente à exploração de novas oportunidades e à realização de metas previsíveis, a utilidade orçamentária de planejamento apoia o alcance de metas definidas. Essa utilidade garante conformidade com os pedidos, o que pode restringir o empreendedorismo e a inovação para garantir a obtenção de metas necessárias para a estratégia pretendida (Simons, 1995). Por conta dessa possível restrição, é reconhecida como uma força negativa.

O orçamento permite planos de ação derivados da estratégia, metas financeiras detalhadas, comparação de resultados reais com orçados e explicação de variações. Isso reflete características importantes associadas ao controle das operações, canais altamente estruturados e fluxos restritos de informações (Bhimani, Sivabalan & Soonawalla, 2018).

Ou seja, há um controle para dirimir desvios do que foi traçado por uma diretoria, no qual a informação é plenamente restrita a esse grupo. Muitas empresas usam o orçamento justamente para esse propósito, ou com essas utilidades. Nesse aspecto, o orçamento também permite monitorar e atualizar os números em ambientes incertos. Em caso de incertezas, o orçamento pode ser alterado à medida que o cenário também não seja mais o mesmo.

A utilidade orçamentária do planejamento sinaliza a produtividade e a eficiência do time. A partir disso, serve para a diretoria tomar decisões. A meta, o acompanhamento do plano de ação, não quer dizer que não se permita a experimentação e a tomada de decisões dentro da realidade de cada setor, área ou filial. É um contexto que gerentes se sentem empoderados para identificar pontos que possam sofrer algum tipo de intervenção e que pode ser benéfico para toda organização.

Imagem 4. Sinalizar a busca pela eficiência

Fonte: Pikisuperstar – Freepik.com

No entanto, em um cenário turbulento, é provável que o orçamento não facilitará o empreendedorismo e a inovação (Muller-Stewens et al., 2020). É um ambiente que requer que o time priorize o cumprimento das metas, o que é essencial à sobrevivência no mercado (Silva & Lavarda, 2020). Se este for o caso, pode-se sufocar a criatividade e a aprendizagem ao insistir no bom desempenho de todo setor, área ou filial.

Entendo que cada organização necessita encontrar equilíbrio entre o controle rígido e a criatividade no trabalho dos colaboradores, dos gerentes ou do time. Também entendo que a falta de controle pode conduzir a resultados baixos (Simons, 1995). Por exemplo, como foi o caso da Nokia, após a mudança de CEO. Em uma situação como essa, temos um dilema para resolver. De um lado, a liberdade para colaboradores, gerentes ou time, para que a inovação possa aparecer. Por outro lado, o controle ainda é importante para monitorar os riscos, o uso dos recursos e garantir o cumprimento da meta.

Por entender que o empreendedorismo e a inovação devem ser vistos como alternativa de sobrevivência econômica, considero que os limites no orçamento, tratados como metas (setorial/área/filial), escassez de recursos, podem sim estimular a criatividade. No caso da meta, pode-se encorajar experimentação, racionalização e resolução de problemas. É como um time de marketing que possui recurso orçamentário definido e que terá que atender a expectativa. Ou uma equipe de produção que buscará racionalizar os métodos para buscar o desperdício ou eliminar procedimentos desnecessários para atender a meta.

O estabelecimento de metas deve ser também entendido para fazer experimentações e possíveis ajustes. Se seu time percebe dessa forma, o trabalho será em direção à meta, mas também terá autonomia para promover a criatividade e desenvolver soluções inovadoras que garantam a continuidade organizacional. É interessante ter esse tipo de pensamento na medida que se busca alta competitividade, redução de custos, melhora na qualidade dos produtos e serviços e uso eficiente dos recursos.

Nesse contexto, realizei uma pesquisa em uma organização para compreender como ocorre a interação entre as utilidades do orçamento com os riscos estratégicos e as capacidades dinâmicas de inovação e empreendedorismo. Esse estudo foi a minha tese de doutorado, orientado pelo professor Carlos Eduardo Facin Lavarda, da Universidade Federal de Santa Catarina (UFSC).

A tese está disponível no repositório da Universidade Federal de Santa Catarina (UFSC). Se tiver interesse em lê-la na íntegra, você pode acessá-la por meio do link: https://repositorio.ufsc.br/handle/123456789/216145

Antes de prosseguir, vamos entender o que é o risco estratégico. O risco estratégico decorre das operações, como mau funcionamento dos principais procedimentos operacionais da empresa. Também decorre de fatores externos, como uma ruptura em massa da base de clientes ou intensa rivalidade entre os concorrentes. Então, temos três tipos de riscos estratégicos: operacional, perda recuperável do ativo e risco competitivo.

O risco operacional é entendido como uma possível interrupção da capacidade de fornecer produtos e serviços, como a entrega de produtos com defeito e a falta de capacidade de atender pedidos de clientes. O risco operacional é estratégico quando a falha torna o processo crítico. Como exemplo, tem-se a falta de disponibilidade da entidade bancária, que a impede de executar uma operação como o empréstimo.

No segundo risco (perda recuperável do ativo), um ativo é um recurso que uma organização possui para criar fluxo de caixa. O seu esgotamento envolve uma perda significativa no valor desse ativo, de sua capacidade ou probabilidade de gerar fluxo de caixa. Esse risco se torna estratégico quando a perda no valor recuperável do ativo afeta a capacidade da organização implementar a estratégia. O esgotamento pode ser financeiro ou físico, e atinge ativos tangíveis e intangíveis. Como exemplos, têm-se a insolvência de clientes que tomam empréstimo, giro de contas a receber, deterioração física de bens materiais, como a destruição de máquinas, instalações e estoques (Widener, 2007).

Já o risco competitivo afeta todos os negócios que não são monopólios. Para identificação de sua origem, utiliza-se o modelo de análise de cinco forças: concorrentes, clientes, fornecedores, novos concorrentes e novos produtos. Além dos riscos de âmbito externo, intrínsecos ao mercado e às regras da concorrência, riscos competitivos podem surgir das ações de colaboradores, uma vez que suas ações podem conduzir à perda de clientes, fornecedores e à entrada de novos concorrentes.

Vimos, desse modo, que os riscos são elementos que devem ser considerados na gestão de qualquer organização, o que influencia no controle orçamentário e na inovação. Por exemplo, em um ambiente pandêmico como tivemos, a utilidade orçamentária de planejamento, o empreendedorismo e a inovação terão papel importante na sobrevivência. Ou seja, o dilema é ter controle e limite orçamentário, mas também inovação, algo importante e que necessita de espaço dentro de certos limites.

Dito isso, voltamos ao estudo.

Foi feito um estudo de caso em uma empresa do agronegócio que possui mais de 27 anos no mercado, e na época tinha 8 unidades distribuídas no estado do Mato Grosso do Sul. A empresa comercializa insumos, defensivos, herbicidas, adubos, sementes (milho e soja), bem como fornece assessoria e acompanhamento agronômicos. Na região, gera cerca de 90 empregos.

Na época do estudo, ouvi muitos comentários sobre a relação entre o agronegócio e o processo de empreendedorismo e inovação. É como se fosse um setor à parte, não caracterizado por também buscar inovação nos processos, produtos ou serviços. A inovação possibilita a resolução de diversos desafios enfrentados pela agricultura e na gestão de recursos naturais. Um desses exemplos é quanto a lida com grau elevado de risco agrícola. No agronegócio, têm-se a instabilidade climática, o surgimento de doenças, o ambiente e as políticas de negócios inadequadas. E isso requer habilidade dos gestores para encontrar alternativas.

A empresa tinha sua gestão centrada na figura do proprietário, atuando em conjunto com diretores e gerentes, no qual as decisões eram tomadas por meio de um colegiado. O estudo envolveu entrevistas, documentos e observação. Entrevistei oito pessoas que trabalhavam no local à época. Foram quatro gerentes de unidade, o diretor financeiro e jurídico, o diretor de recursos humanos, o diretor comercial e o analista financeiro.

Certamente você se pergunta: e o proprietário? Então, amigo/a... Existe uma cultura de não dar atenção à pesquisa acadêmica. Eu não sei se foi o caso do dono, mas me questionei quanto a isso devido a diversas outras situações e à minha experiência com pesquisa. Se algum pesquisador procurar você ou sua organização para participação em uma pesquisa, contribua. Isso terá reflexo na sua área ou, de forma mais abrangente, na área social. Pense nisso! E lembre-se, este livro teve grande incentivo da minha pesquisa de doutorado.

Realizei as entrevistas em fevereiro e março de 2020. Logo no início da pandemia. Na época, eu havia recém-retornado para a minha instituição devido ao afastamento de capacitação para cursar o doutorado. Como se instaurou a pandemia e me faltava concluir a tese, eu me debrucei durante meses para sua conclusão. Aproveitei aquele tempo para ocupar a cabeça com algo que seria muito importante e que, em um cenário normal, teria que escrevê-la com outras atividades rotineiras.

Além da entrevista, foram solicitados documentos e registros da empresa, referentes aos últimos 3 anos. Foram eles: o histórico da organização (anonimamente denominada Organização Agro), os relatórios anuais completos das demonstrações financeiras referentes aos anos de 2015 a 2018, os orçamentos, o código de conduta, os relatórios publicados em sites e redes sociais e os e-mails trocados com os entrevistados.

Então, em abril e maio, viajei por boa parte do Mato Grosso do Sul, para entrevistar o pessoal dessa organização. Os locais escolhidos foram as unidades administrativas, localizadas na sede e filial da organização. Fui bem recebido pelos gestores de nível estratégico e operacional em cada cidade.

A empresa tinha, desde o seu início, uma gestão familiar. Nos últimos 6 anos, passou por um processo de transição com a entrada de profissionais no comando de posições estratégicas. Nesse tempo, experimentou expansão e crescimento com unidades espalhadas pelo Mato Grosso do Sul, que somavam 6 filiais na época.

Esse período foi dito como uma mudança estrutural da centralização para a descentralização da equipe que tomava decisões. Assim, hoje há a direção e a reestruturação por setor. Na atual conjuntura, o comando estratégico é composto pelo proprietário pelos diretores e gerentes de cada unidade. E então, a decisão é tomada por meio de um colegiado.

Descobri como os riscos estratégicos (climático, cliente e concorrente) e o orçamento podem estimular os processos de empreendedorismo e a inovação. O risco climático foi bem destacado. É um tipo de negócio que depende do clima e, em contrapartida, do recebimento proveniente da produtividade de cada produtor. Um dos entrevistados definiu a empresa como "indústria a céu aberto". Ou seja, se plantar e não colher, terá problema.

Além disso, o risco com cliente e concorrência foram bem destacados. Na região são mais de 25 concorrentes, o que enseja alta competitividade. Como o prazo para pagamento é longo, deve haver uma boa análise cadastral. E, por conta do "plantar e não colher", a inadimplência é alta.

A partir disso, a empresa desenvolveu alternativas para lidar com os riscos estratégicos. Isso ficou claro com a criação de um evento, uma parceria com uma cooperativa de crédito, a criação de uma plataforma digital e a criação de um comitê para avaliar clientes. Ou seja, inovação dentro dos processos.

O evento foi criado para lidar com a limitação de recursos, o risco operacional e a prospecção de clientes e colocou a imagem da unidade em evidência. O gerente da unidade buscou promover informações aos produtores de grãos e também convidou empresas que vendiam máquinas para expor seus produtos. O evento deu tão certo que foi disseminado às outras unidades.

A parceria com a cooperativa serviria para que o cliente comprasse com a empresa e pagasse à cooperativa de crédito. Como uma operação de empréstimo, que seria um recurso pré-aprovado com taxa de juros menor. A partir disso, a empresa buscava sanar o problema de inadimplência.

A iniciativa para resolver problemas causados pelos riscos estratégicos é incentivada, sobretudo pelo aprendizado organizacional. Novas ideias e novos projetos de inovação são propostos pelos gerentes e diretores para melhorar os processos operacionais relacionados à eficiência, à redução de custos operacionais e ao controle dos riscos.

Esses projetos são discutidos e compartilhados entre gerentes e diretores. Observamos que a utilidade orçamentária de planejamento é voltada para colocar objetivos estabelecidos em um plano de ação à medida que aloca recursos, busca cortar gastos e restringir o comportamento. Nos relatos, percebeu-se que o orçamento é voltado basicamente ao alcance de meta, também permitindo que se busquem alternativas dentro de limites estabelecidos para lidar com aspectos particulares de cada unidade.

Um dos entrevistados mencionou que, se alcançar a meta e não fugir das regras internas da empresa, você tem total independência para criar e inovar. Fica claro a percepção de que o controle rígido estabelecido pela utilidade de planejamento é necessário para o cumprimento de metas e monitoramento, mas que permite liberdade para que o papel empreendedor apareça.

Tais alternativas, de forma geral, buscam resolver problemas por conta dos riscos estratégicos, como a questão de recebimentos e a concorrencial, por exemplo. Ao procurar alternativas para a solução e seguir o curso do alcance de meta, a organização inova dentro dos seus processos. O orçamento, com essa utilidade, exerce papel importante na promoção de buscar limitar os efeitos dos riscos à medida que permite empreender e inovar para que a organização continue competitiva dentro do seu ramo de atuação.

Capacidade da organização em aprender e orientar para o mercado e a utilidade de planejamento

A utilidade orçamentária de planejamento se relaciona com a capacidade de aprender e à orientação para o mercado. Essas capacidades são importantes porque os recursos por si só não são suficientes para sustentar uma vantagem competitiva ao longo do tempo. A aprendizagem organizacional é caracterizada pela contínua busca de apropriação e geração de novos conhecimentos. A orientação para o mercado tem fundamentos que buscam aprender sobre clientes e concorrentes.

Em ambas as capacidades, desenvolver conhecimento é importante para que se possa entender todos os aspectos da organização. É o caso de uma cooperativa que possui seus recursos e atende o mercado com seu produto. A partir de cursos, treinamentos, participação em eventos e experiências, o time adquire conhecimento e gera novas aplicações para tais recursos.

E então a cooperativa terá novas configurações, já que os recursos não sustentam vantagem competitiva para corresponder e criar certa mudança no mercado. Cada gerente, cada setor, gera a aprendizagem organizacional a todo momento. Todo dia é possível aprender com a atividade operacional. Cada setor carrega suas operações e possibilita experiência a cada colaborador. E então, como time, tem-se uma sinergia de geração de conhecimento. Quando se participa de cursos e treinamentos, é uma aprendizagem formal.

Na orientação para o mercado há o mesmo entendimento, só que voltado ao cliente e aos concorrentes. É ter entendimento de vendas, dos interesses dos clientes e do que seus concorrentes fazem. Uma cooperativa de táxi, por exemplo, precisa entender toda uma dinâmica mercadológica para garantir sua sobrevivência. Aliás, você acredita que a Nokia pecou nisso? Ela trabalhou pesado no sistema operacional e não buscou a vontade dos seus clientes e da sua concorrência.

Nesse contexto, como o orçamento pode se relacionar com essas capacidades? Bom, ele pode oferecer informações que identificam os resultados econômicos. Comparar resultados realizados de vendas e lucros, identificar produtos e regiões que não obtêm desempenho suficiente ou acima do previsto. Perceba que essas informações, da utilidade orçamentária de planejamento, auxiliam no processo de tomada de decisão (Silva & Lavarda, 2020). Os gestores devem fazer uso das informações disponibilizadas pelo controle gerencial para alcançar a eficiência dos seus recursos.

A utilidade orçamentária de planejamento permite decisões representadas por correções de pequenos desvios, como os gastos orçados versus os realizados, alterações na composição dos insumos utilizados em um produto, bem como na mudança ou aperfeiçoamento na forma de atuação organizacional. Isso posto, a utilidade do orçamento auxilia no processo de análise e das atividades desenvolvidas, o que permite aos gerentes acompanhar e comparar os resultados ao longo do tempo (Vian, Gollo & Kruger, 2019).

Em outro momento da pesquisa da tese do doutorado, fiz outro estudo de caso. Busquei compreender como ocorre a interação entre essas utilidades do orçamento e as capacidades dinâmicas de aprendizagem organizacional e orientação para o mercado. Já tinha visto e defendido essa interação, mas precisa constatar na prática.

Essa outra organização também era do ramo do agronegócio e foi fundada há mais de 30 anos. A geração de conhecimento é importante para o agronegócio, ao considerar a busca por eficiência técnica, melhores práticas de produção agrícola e desenvolvimento tecnológico. Além disso, o uso eficiente de energia consumida, o que contribui para a sua produtividade e rentabilidade (Đokić, Jurjević, Popović & Savić, 2019).

Foram entrevistados cinco colaboradores, três gerentes, um *controller* e um representante técnico de vendas de uma organização parceira. Também utilizei documentos, que foram: o histórico da organização, os relatórios anuais completos das demonstrações financeiras referentes aos anos de 2016 a 2019, o código de conduta, os relatórios publicados em sites e redes sociais e os e-mails trocados com os entrevistados da pesquisa.

No período das entrevistas, visitei as instalações das unidades produtivas e administrativas, os locais de trabalho dos entrevistados e as salas de reunião. De forma semelhante ao outro estudo de caso, este se aproveitou do período inicial da pandemia. A última entrevista, por exemplo, foi feita de forma remota. Os acessos não foram mais possíveis e então só restou juntar todo o material e escrever.

A empresa possui uma sede e duas unidades (filiais), com 75 colaboradores. A organização conta com uma parceria com fornecedores que têm exclusividade para vendas de produtos, o que contribui para a continuidade e a consolidação das atividades. A empresa atua na revenda de insumos, produção, beneficiamento de sementes, tratamento industrial (soja/milho) e recebimento, beneficiamento e secagem de grão comercial (soja/milho) e comercialização de grãos.

Dentre esses parceiros de negócios, destaca-se uma multinacional que, em 2019, comemorou 15 anos da relação de parceria. Como benefício, tem-se o interesse de inovar e ampliar a relação de ambas com o produtor (cliente final da empresa do estudo de caso) por meio de conhecimento, capacitação e experiência. Esse parceiro de negócios oferece eventos, cursos e capacitação de forma geral. Em contrapartida, a empresa do estudo de caso oferece uma fração do mercado ao parceiro de negócios.

A gestão organizacional é conduzida pelo proprietário e pelo gerente administrativo e financeiro (*controller*) que formam o conselho diretivo. Além disso, os gerentes participam da gestão a fim de poderem discutir questões relacionadas à sua unidade ou a alguma questão que englobe todas as unidades. Ao longo do tempo, houve a expansão dentro do estado do Mato Grosso do Sul, com duas unidades.

Durante minhas visitas e entrevistas, percebi a importância da geração de conhecimento. Identifiquei participações em cursos e treinamentos, atuação próxima ao cliente, qualidade técnica do consultor de vendas, experiência profissional da equipe, desenvolvimento de sistema de informação e de programas. Esses investimentos em aprendizagem e orientação para o mercado são dados pela parceria com a principal fornecedora. Geralmente, os cursos e treinamentos são na área de venda, financeira, administrativa e sucessão familiar.

A capacitação é compartilhada pelo colaborador após o seu retorno à empresa. Marca-se uma reunião, apresenta-se e estratifica-se o que é melhor, como mencionado por um dos entrevistados. Entre um dos exemplos, um dos entrevistados abordou a capacitação para o desenvolvimento do sistema tecnológico integrado que permite que o consultor de vendas, ao se programar para uma visita rotineira ao cliente, consulte e identifique se este tem pendências de assinatura de contrato e/ou duplicatas.

Esse sistema foi criado para sanar uma deficiência com problema de acesso a informações, transparência e tempestividade, e também disponibiliza o desempenho de cada colaborador. Em cada unidade percebi um quadro com indicadores de metas, tanto financeira como de visita dos consultores de vendas às fazendas. Esse quadro é intitulado Meta Crucialmente Importante (MCI). Um dos entrevistados explicou que define a meta e ela é "cascateada" por unidade e consultor de venda. Durante a execução, "ver se tem desvio", como dito por outro entrevistado.

Ao considerar o contexto, o orçamento se apresenta como essencial para influenciar o comportamento dos gerentes na busca de alternativas para alcançar a meta e a eficiência dos recursos. O alcance de ambos se tornou o cenário adequado para o aprendizado da organização e a orientação para o mercado. Neste caso, a capacitação profissional serviu como forma de monitoramento da meta e do alcance de eficiência, como foi o caso do desenvolvimento do sistema tecnológico integrado e a estratégia de manter o consultor de vendas próximo ao cliente.

Observou-se que a utilidade do orçamento de planejamento é voltada para colocar objetivos estabelecidos em plano de ação à medida que aloca recursos, busca cortar gastos e restringe o comportamento. Entre os relatos do entrevistado, percebi que o orçamento é voltado, de forma básica, à meta — isso é, à contínua busca pela eficiência dos recursos e maior satisfação dos clientes.

Para tanto, o contexto é propício para descobrir alternativas para esta consecução. Entre as alternativas, o sistema tecnológico propiciou o acompanhamento dos consultores de vendas para a otimização de tempo e de recursos e a Meta Crucialmente Importante permite acompanhar a execução e a variação orçamentária. Além disso, esse consultor tem uma meta não financeira, na qual deve visitar o cliente semanalmente, auxiliando na tomada de decisões ao tempo em que colhe assinaturas de duplicatas e contratos.

Para os gestores, esta meta não financeira interfere, de forma direta, em sua meta organizacional. O orçamento, com essa utilidade, exerce papel imprescindível para que os gerentes se empenhem no alcance da meta proposta e tornem sua unidade eficiente nos recursos, para que a organização continue competitiva dentro do seu ramo de atuação.

Nos pontos apresentados, denota-se que a utilidade orçamentária do planejamento almeja o alcance de metas, a eficiência dos recursos e apoia as capacidades da organização de empreender, inovar, apreender e se orientar para o mercado. Neste primeiro aspecto do orçamento, como voltado ao planejamento, destaco o seu papel tradicional de busca incessante de eficiência e voltado à meta preestabelecida.

Capacidades dinâmicas e a utilidade de planejamento — reflexão

Vimos o papel do orçamento em apoio às capacidades dinâmicas. Nos exemplos apresentados, exploramos a utilidade de planejamento para fornecer condições ao empreendedorismo, inovação, aprendizagem organizacional e orientação para o mercado. A intenção dessa influência é que se alcance a eficiência dos recursos internos e a meta organizacional.

Separamos em dois casos para apresentação e, também, as capacidades dinâmicas para serem estudadas. No primeiro estudo de caso, trabalhamos as capacidades de empreendedorismo e inovação. Depois, a aprendizagem organizacional e a orientação para o mercado. Esse processo foi importante para explorar ao máximo o papel de cada capacidade e sua ligação com o orçamento.

Nos dois casos, tivemos a leitura tradicional do orçamento. Aquele velho orçamento que tem um planejamento, acompanha se há desvios, avalia o desempenho, corrige etc. Trouxemos o que todos já conhecem do orçamento. Só que, a partir desse tradicionalismo, a interpretação foi inédita ao considerar que a busca pela eficiência não limita as capacidades dinâmicas.

Não foi isso que vimos em cada estudo de caso. Os entrevistados, gerentes de unidades sobretudo, explicaram que a meta, o acompanhamento do plano de ação, não quer dizer que não se permita experimentação e busca de alternativas. Os gerentes relataram que, mesmo que o orçamento seja imposto, eles sentem autonomia para identificar pontos que necessitam ser melhorados e que sejam benéficos à eficiência.

Também percebemos como os riscos são monitorados e se relacionam com as capacidades dinâmicas e com o orçamento. Os riscos estimulam a aprendizagem e, de forma consequente, a inovação. Os cursos, treinamentos e eventos são para buscar alternativas para dirimir os riscos e garantir a eficiência do negócio.

Vimos também que é importante mapear o mercado, entender as expectativas dos clientes e o que os concorrentes fazem. A utilidade de planejamento é usada para oferecer informações e que ensejam decisões, sobretudo das atividades desenvolvidas por produtos, unidades, gestores etc.

Trouxemos aqui o tradicionalismo do orçamento, suas utilidades agregadas no planejamento e a busca pela eficiência. No entanto, com uma interpretação bem diferente do que é discutido e aprendido. O orçamento é um instrumento que posiciona o comportamento do time para as expectativas da organização e que fornece condições para lidar com os desafios. Isso provoca ações, conduzem ao aprendizado e, possivelmente, a inovações.

No próximo capítulo, iremos discutir a outra "perna" da ambidestria do orçamento. A parte que foi negligenciada por muito tempo. E então, abordaremos a utilidade do diálogo, usaremos essas mesmas capacidades e retomaremos a esses dois estudos de caso. Seguimos!

PONTOS-CHAVE DO CAPÍTULO

- Se o que foi traçado (plano de ação) e traduzido em metas de curto prazo for implementado pelo time, a organização é conduzida para o desempenho desejado.
- A utilidade de planejamento do orçamento garante conformidade com os pedidos, o que pode restringir o empreendedorismo e a inovação para garantir a obtenção de metas necessárias para a estratégia pretendida.
- A meta, o acompanhamento do plano de ação, não quer dizer que não se permita a experimentação e tomada de decisões dentro da realidade de cada setor, área ou filial.
- A aprendizagem organizacional é caracterizada pela contínua busca de apropriação e geração de novos conhecimentos. A orientação para o mercado tem fundamentos que buscam aprender sobre clientes e concorrentes.
- A partir de cursos, treinamentos, participação em eventos e experiências, o time adquire conhecimento e gera novas aplicações para tais recursos.
- Os gerentes relataram que, mesmo que o orçamento seja imposto, eles sentem autonomia para identificar pontos que necessitam ser melhorados e que sejam benéficos à eficiência.
- Os riscos são monitorados e se relacionam com as capacidades dinâmicas e o orçamento. Os riscos estimulam a aprendizagem e, de forma consequente, a inovação.
- Trouxemos aqui o tradicionalismo do orçamento, suas utilidades agregadas no planejamento e a busca pela eficiência. No entanto, com uma interpretação bem diferente do que é discutido e aprendido.

PERGUNTAS PARA OS GESTORES E LÍDERES

- Como os riscos estratégicos são monitorados em sua organização? Qual o papel do orçamento e das capacidades dinâmicas para lidar com esses desafios?
- A busca pela eficiência dos recursos, o comprometimento para o alcance da meta, limita o seu time para a experimentação e busca de alternativas? Como essa interpretação de autonomia pode ser disseminada no seu time?
- Como os cursos e treinamentos são tratados em sua organização? A geração do conhecimento é colocada em prática e produz efeito na busca de melhor eficiência dos recursos?

CAPÍTULO **5**

O orçamento para estimular a busca por novas oportunidades

"Eu começo com uma ideia e então ela se transforma em alguma coisa."
— Pablo Picasso

A GRANDE IDEIA

Muitas organizações têm o orçamento para buscar a eficiência de forma imponente e que expresse uma variedade de intenções, como fundamentar a estratégia, planejar a meta, corrigir os possíveis desvios, comparar o executado com o orçado e avaliar o desempenho. Entretanto, quando o orçamento tem voz na organização, os fluxos de trabalho individuais têm significado e os colaboradores compreendem por que seu trabalho é importante. Uma interpretação correta sobre o orçamento é como entendê-lo para além da tradicionalidade. Isso proporciona que se veja o mesmo instrumento, mas com percepção distinta e aprofundada. O resultado é que os colaboradores se sentirão autônomos e incentivados a buscar aprendizado e inovar na busca pela eficiência da organização.

A Nokia e a RIM (Research in Motion, empresa que desenvolveu os smartphones *BlackBerry*) estavam em todas as listas de empresas mais inovadoras do mundo. O declínio ilustra um desafio central que as organizações enfrentam no jogo da inovação: muitas vezes não é suficiente executar bem uma inovação incremental (sobretudo em mercados de rápida mudança). Isso funciona apenas em mercados relativamente estáveis. Ou seja, as melhorias e atualizações nos produtos já existentes não foram mais suficientes para essas empresas.

No caso da Nokia, a intenção era ter um celular inquebrável, uma bateria com vida útil prolongada, e manter o sistema operacional. No entanto, em mercados que mudam rapidamente, as organizações que não conseguem acompanhar as tecnologias disruptivas ao desenvolver inovações radicais e explorar novas oportunidades, podem se ver em declínio.

Esse tipo de situação de falha me remete à Teoria dos Trabalhos. Permita-me falar um pouco sobre ela. Muitas organizações investem recursos, tempo e energia na inovação. O que acontece é que esse tipo de inovação busca eficiência, mas calcada em perguntas erradas. Nessa teoria, os inovadores necessitam compreender o que mais interessa a seus consumidores. Isso é justificado pela ideia de que os clientes não desejam produtos, mas soluções para seus problemas.

É uma visão de que a organização deve procurar descobrir quais detalhes do seu produto levam à decisão de compra. Cada produto tem o seu "currículo" e oferece motivos para o cliente contratá-lo. Por exemplo, um fumante faz uma pausa para um cigarro. Por um lado, ele almeja a nicotina que o corpo deseja; essa seria a dimensão funcional. Mas não é apenas por isso que ele "contrata" o trabalho do cigarro. Vai mais além.

O fumante contrata o cigarro para obter benefício emocional: acalmar-se e relaxar. Também pode ser uma escolha social. Digamos que a pessoa pode fazer uma pausa no trabalho e passar o tempo com os amigos. Nesse aspecto, a pessoa contrata o Facebook por diversos motivos. Entre eles, para fazer uma pausa no trabalho, relaxar durante alguns minutos enquanto pensa sobre outras coisas e reúne-se em torno do bebedouro com amigos de outras áreas.

Em determinado ponto de vista, o Facebook compete com o cigarro pelo mesmo trabalho. O fumante poderá escolher um ou outro, a depender das circunstâncias específicas do momento. Em entrevista, Reed Hastings, diretor executivo da Netflix, deixou isso claro quando questionado sobre seus concorrentes. A sua resposta foi basicamente que a Netflix compete com tudo o que faz a pessoa relaxar. Ou seja, com videogames, garrafas de vinho, redes de vídeos e até com jogos de tabuleiro.

A Teoria dos Trabalhos é bem clara ao explicar que se não compreendermos por que os clientes fazem as escolhas que fazem, simplesmente ficaremos cada vez mais aptos a um processo essencialmente imperfeito. Desse modo, deixo uma pergunta para você, amigo gestor. Você conhece o verdadeiro motivo pelo qual seus clientes escolhem seus produtos ou serviços?

Essa pergunta é interessante ao lembrar que esse momento não aparece na maior parte dos dados que usamos na tomada de decisões. Descobrir os motivos é quase um processo investigativo. A teoria aborda que o segredo para um produto ou serviço ser contratado é compreender a narrativa de vida do cliente o mais detalhadamente possível para que possamos desenvolver uma solução que supere em muito tudo o que o próprio cliente poderia ter encontrado palavras para solicitar.

O principal equívoco de diversas empresas: se concentrar na especificação do produto e não na do trabalho. E entendo que a Nokia repetiu isso por diversas vezes em um completo cenário de mudanças. Faltou, talvez, sensibilidade para perceber a desconexão do contexto no qual seu produto realmente poderia ser usado. Como vimos, a Nokia se concentrou apenas no desenvolvimento de telefones celulares de última geração e no software necessário, apenas para superar seus concorrentes. No entanto, sem dar ouvidos às condições externas e ao desenvolvimento do mercado.

As empresas fracassam quando tentam avançar para uma camada superior. A "falácia da camada de tecnologia" é explicada por Anshu Sharma como a tendência dos engenheiros de superestimar o valor da própria tecnologia e de subestimar as aplicações descendentes dessa tecnologia para solucionar os problemas dos clientes e possibilitar o progresso desejado. Não se pode confundir know-how técnico ou produção com o que os clientes estão procurando.

Não falei de tudo isso em vão, leitor. Longe disso. Primeiro, acredito ser interessante se aprofundar nessa temática da Teoria dos Trabalhos.

Indico a leitura do livro *Muito Além da Sorte* dos professores Clayton Christensen, Taddy Hall, Karen Dillon e David Duncan. Segundo, é que se nos prendemos apenas a usar o orçamento para a busca eficiente de recursos, perdemos muito como organização. Lembre-se das utilidades do orçamento para este fim. E qual a sua intenção?

Convergir o comportamento do time para a consecução da meta e, de forma posterior, a estratégia. A todo tempo administramos números, correto? Se não usarmos a outra perna da ambidestria do orçamento, não criamos ambiente para instigar o time a buscar informações do mercado e, principalmente, do cliente. Imagine o orçamento da organização. Temos as utilidades de planejar, alocar recursos, corrigir desvios etc. O trabalho pode ser excepcional mas não contribuir para tornar a empresa mais inovadora.

E, como vimos na Teoria do Trabalho, não podemos abrir mão disso! A empresa deve permanecer adaptável às demandas de mudança do amanhã, e acredito que a utilidade de diálogo do orçamento oferece meios para ser aliada nessa consecução. Lembre-se das utilidades que descrevemos. Oferecer condições para o diálogo entre equipes, comunicação, criar consciência e motivar o time. O objetivo é desafiar as suposições e os planos existentes da organização. Os gestores podem usar a utilidade de diálogo para indicar prioridades e estimular o surgimento de novas estratégias e metas.

É o lado do orçamento que apoia a criatividade, não apenas dentro dos processos, como vimos na discussão da utilidade de planejamento. Já sabemos do seu efeito positivo na criatividade e, de forma consequente, na inovação.

A criatividade envolve o uso da imaginação para desenvolver coisas novas, chamadas de inovações. Mas nem todas as inovações são úteis para a empresa. A criatividade por criatividade, ou seja, a falta de aplicabilidade pode ser um grande problema. As ideias criativas têm que se converter em coisas úteis, que criem valores.

No mundo dos negócios, ideias criativas podem levar a inovações na forma de novos produtos ou serviços, novos métodos, melhora nos processos e etc. É essencial que os gerentes aprendam a melhor forma de ajudar seus funcionários a serem criativos e capazes de traduzir boas ideias em inovações valiosas. É preciso destacar que esse é um processo altamente arriscado e que nem todas as ideias terão sucesso. Algumas ações que levam a falhas aparentes podem fornecer o aprendizado que resulta no processo final.

Li e Merchant (2021) explicam que incentivos podem induzir a busca por novas oportunidades por meio da criatividade e da inovação. Muitas empresas usam variações de um programa de "caixa de sugestões" para incentivar os funcionários a desenvolverem novas ideias criativas. Como exemplo, a IBM lançou um programa colaborativo de inovação chamado *ThinkPlace* — de frequência trimestral e anual — em busca de melhores ideias, e que oferecia recompensas divididas em cinco categorias: valor do acionista, satisfação do cliente, técnico, trabalho em equipe e pessoas.

Imagem 5. Busca por novas ideias

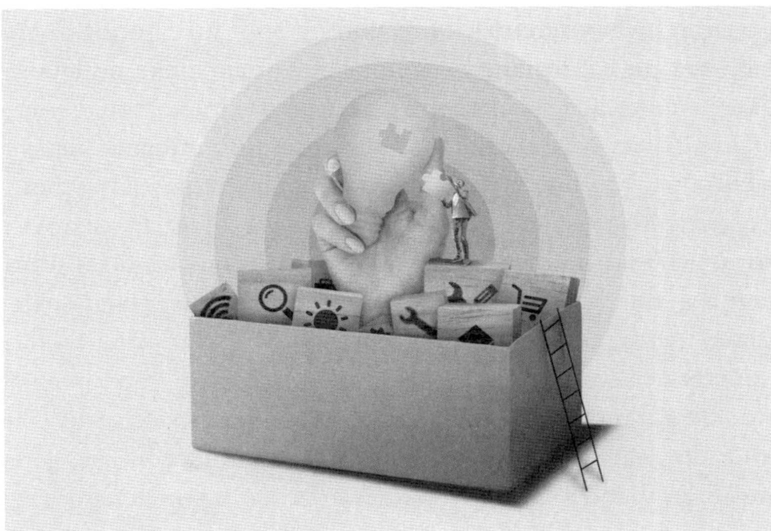

Fonte: Freepik

O site *ThinkPlace* serviu como um facilitador, um repositório onde os funcionários podiam contribuir com uma nova ideia, fornecer informações sobre ideias existentes ou pesquisar potenciais soluções. Em um período de apenas 3 anos, a empresa reuniu mais de 18 mil ideias com a participação de metade da população de funcionários. Dessas ideias, 500 foram "vitórias" (ideias implementadas). Uma pesquisa acadêmica também mostrou que as empresas que dependem da criatividade podem e usam sistemas de remuneração baseada no desempenho para motivar seus funcionários.

Grabner (2014) demonstrou que o pagamento baseado no desempenho, e as avaliações subjetivas do desempenho, eram complementos em um ambiente dependente de criatividade. Este pagamento baseado no desempenho aumenta a responsabilidade pelos objetivos organizacionais e impõe algumas restrições aos funcionários serem "criativos apenas pela criatividade". No contexto discorrido até o momento, o orçamento deve ser mais flexível para possibilitar a descoberta de novas oportunidades.

As informações geradas pelo controle gerencial também têm papel no processo de aprendizagem organizacional ao reconhecer que essas informações poderão ser utilizadas para a tomada de decisões. Nas decisões chamadas de circuito duplo, podem ser consideradas grandes alterações na forma de atuação organizacional, como vimos no capítulo 2. As informações e diálogos em torno do orçamento, por exemplo, podem ser utilizadas para identificação e incentivar a descoberta dos motivos da venda, necessidades atuais e futuras dos clientes, e à disseminação dessas informações entre os departamentos com a intenção de formular ações.

O orçamento pode ser benéfico não apenas para motivar o desempenho criativo, mas também para fornecer informações úteis sobre o desempenho dos funcionários. Todas as atividades podem se beneficiar de informações. O orçamento fornece oportunidade para que os funcionários troquem ideias criativas, fornece um feedback que permite o ajuste de ações, aumentando a responsabilidade individual e de grupo, além da motivação. Ou seja, como discutido no capítulo 2, o controle gerencial é relevante para organizar e aproveitar ao máximo o potencial dos recursos tradicionais e das capacidades dos seus gerentes.

Neste capítulo, analisaremos como a utilidade orçamentária de diálogo fornece possibilidade para novas oportunidades (*exploration*). A discussão foi dividida de forma igual aos capítulos anteriores, ou seja, entre as capacidades dinâmicas. Primeiramente, analisamos a partir das capacidades da organização empreender e a inovar. Posteriormente, analisamos as capacidades de aprender e orientar para o mercado.

Figura 6. Ambidestria do orçamento, *exploration*

Fonte: autoria própria

Capacidade da organização em empreender e inovar e a utilidade de diálogo

Vimos no capítulo 3 que a utilidade de diálogo do orçamento auxilia a identificar ameaças, foca a atenção em ambientes de incerteza e riscos, habilita a renovação estratégica, visando o estímulo do diálogo e o debate organizacional (Simons, 1995). Este grupo de utilidade, que visa a comunicação, a criação de consciência e a motivação, executa as intenções expressas de implementar a criatividade e a exploração de seus recursos (*exploration*).

O conjunto da utilidade do orçamento de diálogo possibilita a troca de informações em um ambiente em que são incentivados a desafiar o atual estado, participar de diálogos e debates e a buscar soluções inovadoras. Dessa forma, percebe-se um cenário que a organização necessita para alcançar o desenvolvimento constante de novos produtos e processos. Debater ideias e manter diálogo aberto facilitam uma perspectiva ampla de questões problemáticas e estratégias, em relação a preocupações, novas ideias e à forma de operar.

Imagem 6. Diálogo e debate organizacional

Fonte: Rawpixel.com – Freepik.com

Além disso, incentiva as discussões sobre inovação, empreendedorismo e riscos estratégicos. A organização monitora os riscos estratégicos e busca o crescimento necessário como um equilíbrio que deve ser, de forma adequada, balanceado, no qual é imprescindível gerenciar os riscos estratégicos e a busca pelo crescimento das organizações.

No capítulo anterior, apresentamos um estudo de uma organização do agronegócio, no qual se buscou compreender como ocorre a interface entre as utilidades do orçamento com os riscos estratégicos e as capacidades dinâmicas inovação e empreendedorismo, discutindo o papel da utilidade orçamentária do planejamento. Ou seja, como o orçamento é importante para limitar os efeitos dos riscos estratégicos à medida que permite empreender e inovar.

Para lembrar: foi feito um estudo de caso em uma empresa do agronegócio que possui mais de 27 anos no mercado, e na época tinha 8 unidades distribuídas no estado do Mato Grosso do Sul. A empresa comercializa insumos, defensivos, herbicidas, adubos, sementes (milho e soja), bem como presta assessoria e acompanhamento agronômicos. Na região gera cerca de 90 empregos.

Percebi que o orçamento possuía mais utilidade na empresa. Para um dos entrevistados, o orçamento motiva, em grande parte, pela forma que o gestor cria sentimento de pertencimento, ou seja, de "dono da loja". Isso é sentido pela autonomia que cada gestor sente ao trabalhar. Outro entrevistado explica que o orçamento cria responsabilidade, dada a partir do compromisso da determinação dos volumes, o gerente deve se empenhar para cumpri-lo.

Outros dois entrevistados entendem que o orçamento cria consciência para o limite de gastos e motiva pela questão de metas, pois quem atingi-las ganha mais. Além das entrevistas, tive acesso a documentos, e-mails e outros registros da organização. Em uma das entrevistas, um dos entrevistados me mostrou um e-mail em que a sede convidava os gerentes a discutir as dificuldades, demandas e volumes orçamentários de cada unidade.

Em seguida, ele me exemplificou como essas reuniões são importantes para a empresa. O intuito era debater ideias, preocupações e formas de operar de acordo com alguma circunstância. Segundo o entrevistado, o diálogo em torno do orçamento seria para analisar a viabilidade de implantação, nas outras unidades, o que deu certo em uma. Por exemplo, em 2016 foi criado um evento, como abordado anteriormente, para lidar com limitação de recursos, risco operacional e prospectar clientes. Outro entrevistado ponderou que, após repercussão, isso foi apresentado e discutido como alternativa para outras unidades em uma dessas reuniões com gerentes. A partir disso, o evento foi disseminado para todas as unidades do negócio.

Segundo o entrevistado, é criada uma oportunidade para acompanhar a tendência de mercado, também oferecer possibilidade de que o cliente acompanhe, além da empresa entender o comportamento desse cliente. Nas mídias sociais da empresa há vídeos de quase todas as unidades em seus próprios eventos. Esse foi um contexto específico para perceber que desafios, por vezes, induzem à busca de alternativas.

Os riscos de descontinuidade, o aperto do orçamento, levaram uma unidade a buscar uma saída. A partir de sua iniciativa, em discussão do time, virou cenário para outras unidades. Isso foi conduzido pelo diálogo entre a equipe, a atribuição de responsabilidade que cada gestor tem com sua unidade e a motivação por se sentir "dono da loja", movido por desafios. Um regulamento que li (de 2020), informava que o evento havia se tornado sucesso em diversidade de expositores, tecnologias e conhecimento.

Esse papel é apoiado pela iniciativa da diretoria. A iniciativa e a socialização da aprendizagem ocorrem por meio de treinamentos, reuniões e eventos. Verificou-se que tal prática é estimulada para discutir ideias, e os riscos estratégicos "são tratados de acordo com o andar do mercado, do clima, com o que aconteceu com as safras e com os clientes", como dito por um dos entrevistados. No site da empresa é comum encontrar textos, fotos e vídeos de eventos. Destaco as equipes de alta performance, a negociação estratégica e a convenção comercial anual.

Nas mídias sociais, noticiou-se também um aplicativo, em janeiro de 2019. Segundo o vídeo, a plataforma busca ambiente interativo, gestão por safra, conhecimento, desburocratização, antecipação de tendências e, sobretudo, integração de toda a organização. No entendimento de um dos entrevistados, a intenção seria ter mais contato e entender a necessidade de um e de outro gerente para buscar melhorias internas.

O orçamento na organização oferece linha de discussão para debater ideias, buscando manter diálogo aberto entre os gestores. O orçamento conduzido desta forma permite o intercâmbio entre os gestores. A troca de informações e conhecimento almeja discussões dos riscos organizacionais e a possibilidade de empreender e inovar para minimizar seus efeitos.

A organização do agronegócio estudada adota medidas para dirimir os efeitos dos riscos estratégicos. Uma das unidades apresentou a parceria com uma cooperativa financeira para diminuir a queda de recursos e garantir o recebimento, o que, atualmente, é discutido para se implantar em todas as unidades. O gestor explicou que a parceria seria para que os clientes comprassem pela empresa e ficassem devendo para a cooperativa de crédito.

Em um relatório interno, o gerente da unidade X recomendava a relação próxima ao cliente, para se ter conhecimento se este utiliza de forma correta o produto Y. Segundo o relatório, o uso incorreto pode levar o produtor a não ir bem na safra e a não ter condições de pagar as duplicatas, o que impediria o alcance das metas estabelecidas. Nesse contexto, a empresa capacitou o vendedor externo para atuar como consultor. Após o programa de capacitação, ficou definido que o vendedor externo atenderia de acordo com o perfil do cliente.

Um gestor de unidade explicou como o consultor atua de acordo com o perfil do cliente. Se o cliente é mais acelerado, então o consultor também o é. Essas medidas visavam atender as recomendações de se ter proximidade com o cliente, bem como para lidar com a concorrência e criar valor.

Uma coisa que me chamou a atenção foi o risco climático. De forma unânime, todos os entrevistados o mencionaram. Em visita à sede, observou-se que, após chuva intensa, o humor dos colaboradores se alterou. Ao questionar o entrevistado que estava comigo nesse momento, ele ponderou que a "chuva fornece leveza para o ambiente de trabalho". Isso pode ser explicado porque "o evento climático impacta nos custos e recebimentos" da organização, como outro entrevistado havia falado. Contudo, não se percebem formas de controle e/ou medidas criativas para se lidar com esse risco, visto a organização ser "uma indústria a céu aberto".

Nos pontos apresentados, observei que a empresa busca "controlar" os riscos inerentes ao negócio por meio de diálogo, cursos e eventos, o que motiva novas ideias na busca de oportunidades dentro de um domínio aceitável. A utilidade de diálogo do orçamento foi percebida por motivar, criar consciência, atribuir responsabilidade, comunicar objetivos e ideias, oferecendo condições para desenvolver uma ideia e criatividade, o que, por sua vez, pode suscitar na inovação de processos. Nas circunstâncias encontradas, o orçamento é importante na promoção de cenários para lidar com os riscos estratégicos e na consecução de saídas necessárias.

Capacidade da organização aprender e orientar para o mercado, e a utilidade de diálogo

No capítulo anterior, apresentamos como o orçamento com a utilidade de planejamento auxilia a busca por melhorar a eficiência organizacional. Vimos como o orçamento foi importante para influenciar o comportamento dos gerentes na busca de alternativas para alcançar a eficiência de recursos.

Já a utilidade orçamentária de diálogo se relaciona com a capacidade de aprender e orientar para o mercado. Esse orçamento com a utilidade do diálogo ainda oferece aprendizagem organizacional e orientação para o mercado, o que também favorece a busca por novas oportunidades. A utilidade orçamentária do diálogo auxilia na detecção da necessidade de mudanças ou na entrada de novos produtos/serviços, na forma de atuação concorrencial, na discussão das necessidades dos clientes e na disseminação de informações entre os departamentos para a formulação de ações.

Como vimos, sem a capacidade da organização, de aprender e se orientar para o mercado, não há vantagem competitiva porque os recursos por si só não são suficientes. Então, a capacidade de aprender é dada pela busca contínua e pela geração de conhecimento. A orientação para o mercado é também busca contínua e geração de conhecimento, só que com o viés de clientes e concorrentes.

Acredito que a orientação para o mercado é a capacidade mais convergente com a Teoria dos Trabalhos, ao considerar a busca pelo aprendizado sobre o seu mercado e, sobretudo, sobre os clientes. Ou seja, um processo para entender o que os clientes querem. Esses clientes não querem produtos; querem soluções para seus problemas. A partir da capacidade orientação para o mercado, a organização mergulha no contexto da vida real para descobrir quais produtos novos e possivelmente promissores poderão oferecer aos clientes.

É importante "mergulhar" no contexto para não ser surpreendida pelo concorrente, o que acaba por se revelar uma oportunidade perdida. Se a organização não percebeu o surgimento de algo, é racional que não tinha condições de perceber porque não estava à procura.

A cultura de aprender apenas pelos dados numéricos pode limitar uma série de análises. Pode acreditar que sim! Os dados qualitativos, como esses da Teoria dos Trabalhos, incrementam a discussão em torno do orçamento. Sua equipe de vendas, de marketing e de contabilidade, devem ponderar os dados qualitativos nas discussões. Eu não quero desprezar um em detrimento do outro. A questão é que ambos são fontes de informações. Vejo os dados numéricos como imprescindíveis à eficiência dos recursos, discutidos na utilidade de planejamento. No entanto, a organização precisa aprender. E os dados qualitativos, a partir do entendimento dos clientes e do mercado, podem garantir o crescimento e a continuidade da organização.

Como informei no capítulo anterior, pesquisei outra organização para compreender como ocorre a interação entre a utilidade do orçamento de diálogo e as capacidades dinâmicas de aprendizagem organizacional e orientação para o mercado. A empresa possui uma sede e duas unidades (filiais), com 75 colaboradores. A organização conta com uma parceria com fornecedores que têm exclusividade para venda de produtos, o que contribui para sua continuidade e consolidação das atividades. A empresa atua na revenda de insumos, produção, beneficiamento de sementes, tratamento industrial (soja/milho) e recebimento, beneficiamento e secagem de grão comercial (soja/milho) e comercialização de grãos.

Como resultado da pesquisa, percebi como a utilidade orçamentária do diálogo auxilia as capacidades dinâmicas de aprendizagem organizacional e orientação para o mercado na busca por novas oportunidades. Um gestor de unidade apontou que o orçamento é muito utilizado para motivar a equipe comercial. Para que toda a equipe seja premiada (isso inclui as equipes comercial e administrativa), a meta da parte comercial deve ser alcançada. Um outro gestor ponderou que o orçamento ajuda, sobretudo, a levantar estratégias para se ter acesso ao cliente.

O diálogo em torno do orçamento é feito pelos gestores, o que acontece de forma anual para o planejamento e mensal para o acompanhamento. O planejamento do orçamento do ano é discutido entre diretores e gestores de unidade. Isso possibilita a cada um apresentar o que é viável ou não para a sua unidade. Um gestor de unidade acredita que essas reuniões levam à aprendizagem, ao discutir a realidade de cada um. A experiência do proprietário foi muito mencionada por diversos gestores.

A capacitação é bem vista pela empresa. A organização participa de congressos e eventos em âmbito nacional e internacional, cursos e treinamentos, como destacado em suas redes sociais. Entre estes, destaca-se a viagem realizada por gerentes e um grupo de produtores aos Estados Unidos, para conhecer fazendas, a realidade do agricultor daquela localidade e participar da maior feira agropecuária do mundo (a *Farm Progress Show*). Também cabe mencionar a visita técnica à China, da qual o diretor-proprietário participou para "trocas de experiência e sinergia", como apresentado nas redes sociais.

Um gestor de unidade explica que a viagem para a China trouxe conhecimento do campo e a condição de aumentar o número de produtos por cliente. A geração de conhecimento é vista como necessária por todos os entrevistados da empresa. Um dos gestores de uma unidade apresentou o desenvolvimento de uma solução digital de controle certo e o programa de meta crucialmente importante.

Segundo ele, a solução digital melhora o trabalho do consultor de vendas. A tecnologia via satélite permite monitorar as fazendas e saber o dia e o horário que se colheu e o ponto de maturação da soja. A solução também permite planejar um cenário, com o algoritmo informando o melhor dia para colheita. Em vídeo nas redes sociais, a solução permite a coleta de dados, gera informações e o consultor de vendas analisa com o produtor a tomada de decisões. Além disso, os dados armazenados poderão ser utilizados para planejamento da próxima safra. O consultor de venda discute com o cliente para tomar decisões, após analisar as informações da solução digital.

O programa Meta Crucialmente Importante foi implementado inicialmente na Volkswagen e, durante um curso, gerentes de unidades foram incentivados a extrapolarem o programa para o agronegócio. Em visita a uma unidade, vi na parede uma tabela, embora isso tenha ocorrido em outras unidades também. Destaco essa unidade, de forma específica, porque o objetivo era atingir certa quantia em dólares de clientes com baixa participação de compra e outros que pertenciam *à* concorrência.

Questionei o entrevistado (gestor da unidade) sobre o objetivo e sua operacionalização. Ele mencionou que, em reunião interna, ficou definido que os consultores de vendas deveriam fazer uma visita semanal ao cliente com a intenção de ganhar confiança. Mas o consultor não deve ir sem um propósito, tem que ser uma visita que agregue alguma coisa. Aos sábados, têm-se as reuniões para analisar o desenvolvimento na semana.

A organização do agronegócio se adapta ao ambiente por meio da capacitação profissional, reuniões, participação em eventos e cursos. As discussões por conta do orçamento conduzem à aprendizagem organizacional e à orientação para o mercado, que também são responsáveis pela criação de novos conhecimentos entre os parceiros envolvidos, para implementar a criatividade e a exploração dos recursos para lidar com as demandas organizacionais.

Em ambos os casos, nota-se a importância do conhecimento para a organização do agronegócio. De forma geral, o conhecimento é influenciado pelo próprio orçamento. Dessa forma, busca-se criar novos conhecimentos, implementar a criatividade e experimentar alternativas, o que pode refletir em vantagem competitiva. Como alternativas, citei a tecnologia para acompanhar as fazendas dos clientes via satélite e o uso da Meta Crucialmente Importante, método que foi aprendido em um curso e extrapolado da área do automobilismo para o agronegócio.

Os gerentes também percebem motivação, pois o orçamento oferece premiação financeira em caso de alcance de metas. A motivação induz que cada gerente busque aprender e discutir alternativas para demandas organizacionais e que sejam criativos com o fim de alcançar os objetivos estratégicos.

Imagem 7. A importância da busca e geração do conhecimento

Fonte: Rawpixel.com – Freepik.com

Na discussão apresentada neste capítulo, denota-se que a utilidade orçamentária de diálogo almeja a busca de novas oportunidades e apoia a capacidade da organização para a inovação, para o papel criativo, a entender os clientes e suas demandas. Percebemos como o papel do conhecimento pode levar a inovações e como a organização pode auxiliar seus funcionários a buscar novas ideias para lidar com as preocupações de cada unidade, por meio de participação em cursos, eventos, do uso da experiência pessoal e profissional e da visita técnica.

Capacidades dinâmicas e a utilidade de diálogo — reflexão

Vimos o papel do orçamento em apoio às capacidades dinâmicas. Nos exemplos apresentados, exploramos a utilidade de diálogo para fornecer condições ao empreendedorismo, inovação, aprendizagem organizacional e orientação para o mercado. A intenção dessa influência é que o time busque estimular o surgimento de novas estratégias, a partir dos debates, comunicação, criação de consciência e motivação.

Fiz uma continuação das duas pesquisas utilizadas também no capítulo anterior, separadamente. De forma semelhante, trabalhei as capacidades de empreendedorismo e inovação. Depois, a aprendizagem organizacional e a orientação para o mercado. Esse processo foi importante para explorar ao máximo o papel de cada capacidade e a sua ligação com o orçamento.

Nesses dois casos, extrapolamos a expectativa criada sob o orçamento, que foi além da visão tradicionalista de buscar apenas a eficiência dos recursos. Sabemos agora que o orçamento apoia o processo de busca por novas oportunidades e que cada equipe pode se debruçar sobre os números e discutir para além disso. Não são apenas os números do orçamento, mas também buscar o uso de dados qualitativos para obter um entendimento mais amplo das questões.

É propor reuniões para abordar a pesquisa que foi feita com clientes e que visa entender como os resultados impactam no produto. O produto é "contratado" para qual função? Estamos no caminho desejado pelo cliente? Também se pode criar consciência do orçamento, no qual a equipe pode criar suposições que criem caminhos ou alternativas melhores de como é feito atualmente.

Nos estudos de casos, os entrevistados — gerentes de unidades —, explicaram como a utilidade de diálogo do orçamento pode conduzir a busca por novas oportunidades. E então vimos o papel da motivação, a criação de consciência e a comunicação de objetivos e ideias para este alcance.

No primeiro caso, a utilidade de diálogo é importante para a promoção de cenários para lidar com riscos estratégicos e na consecução de saídas necessárias. Os riscos estimulam a aprendizagem e, de forma consequente, a inovação. Os cursos, treinamentos e eventos são para buscar alternativas para dirimir os riscos e garantir a eficiência do negócio. No segundo caso, a utilidade de diálogo permite que gerentes gerem conhecimento para criar valor ao cliente e se diferenciar da concorrência. A intenção é que cursos, reuniões e eventos sejam formas de mapear o mercado, entender as expectativas dos clientes e o que os concorrentes fazem.

De todo modo, vale uma ressalva. Acredito que essas empresas ainda podem aperfeiçoar sua busca por novas oportunidades. Isso é construído a partir do entendimento dos motivos pelos quais seu cliente decide pela aquisição do seu produto e serviço. Percebi que as empresas usam o orçamento para estimular a inovação, mas esta não partiu do que o cliente deseja.

Ao invés de escutar o cliente, ficam imersos em inovações que, talvez, não sejam apropriadas para o seu público e que não tenham muita importância para o cliente. Sugiro que os debates em torno do orçamento sejam mais qualificados, os cursos e eventos sejam com foco nesse fim: entender os motivos pelos quais os clientes contratam o produto ou serviço. O orçamento pode ser plano de fundo para apoiar a comunicação, criar consciência e motivar o time, e isso influencia a capacidade da organização empreender, inovar e aprender.

No próximo capítulo, discutiremos as duas pernas do orçamento, ou seja, a ambidestria do orçamento. Abordaremos suas utilidades e a relação com o desempenho da organização.

PONTOS-CHAVE DO CAPÍTULO

- Em mercados que mudam rapidamente, as organizações que não conseguem acompanhar as tecnologias disruptivas ao desenvolver inovações radicais e explorar novas oportunidades, podem se ver em declínio.
- Os inovadores necessitam compreender o que mais interessa aos seus consumidores. Isso é justificado pela ideia de que os clientes não desejam produtos, mas soluções para seus problemas.
- Temos as utilidades de planejar, alocar recursos, corrigir desvios etc. O trabalho pode ser excepcional mas não contribuir para tornar a empresa mais inovadora.
- A utilidade de diálogo do orçamento pode oferecer condições para o diálogo entre equipes, para comunicar, criar consciência e motivar o time, o que pode desafiar as suposições e planos existentes.
- O orçamento motiva em grande parte, pois o gestor cria sentimento de pertencimento, ou seja, de "dono da loja". Isso é sentido pela autonomia que cada gestor sente ao trabalhar.
- A partir da capacidade de orientação para o mercado, a organização mergulha no contexto da vida real para descobrir quais produtos novos e possivelmente promissores poderá oferecer aos clientes.
- A organização precisa aprender, e os dados qualitativos, a partir do entendimento dos clientes e mercado, podem garantir o crescimento e a continuidade da organização.

PERGUNTAS PARA OS GESTORES E LÍDERES

- Até que ponto suas iniciativas de inovação estão relacionadas ao uso do orçamento?
- Quais dados são coletados e apresentados para a tomada de decisões importantes a respeito da inovação? Em que medida o orçamento é importante?

CAPÍTULO **6**

Ambidestria do orçamento e o desempenho da organização

"Ninguém será nem conseguirá materializar nada sem o domínio dos meios."
— José Luiz Tejon Megido

A GRANDE IDEIA

As organizações se esforçam para traduzir a estratégia em operações que levem a um desempenho desejado. Quando o orçamento tem voz, o fluxo das operações tem significado e os gestores e colaboradores compreendem por que seu trabalho tem importância. O orçamento ancora outras práticas organizacionais que desencadeiam a criatividade, o empreendedorismo e o aprendizado. É o meio para discussões, planejamento, alocação de recursos e debate para o alcance de uma meta. Se bem definido, apoia a busca pela eficiência dos recursos e o "pensar no futuro" da organização. Esse cenário garante o alcance do desempenho agora e, também, nos próximos anos.

No início do livro, falei sobre a importância do desempenho. É ele que representa se o que ocorreu na organização foi satisfatório. É o resultado de todo o processo produtivo, no qual o uso dos recursos e capacidades é o responsável. Ambos são particulares para cada organização e, por isso, cada tem um diferente resultado (ou desempenho). Como cada um tem sua tecnologia, experiência, equipamentos e treinamentos, é provável que cada organização alcance um desempenho diferente.

As capacidades também são diferentes. Cada organização tem sua capacidade de integrar, construir e reconfigurar esses recursos, com a intenção de lidar com o ambiente. Sabe-se que o ambiente é caracterizado pela disrupção, volatilidade, incerteza, complexidade etc. E então, as capacidades dinâmicas representam o exame contínuo para monitorar as oportunidades e ameaças e elaborar alternativas para administrar o negócio de forma sustentável.

As capacidades só são importantes porque os recursos não possuem condições de entenderem o ambiente. Pessoas ou grupos de pessoas que terão condições de perceber e inferir para o melhor do negócio. Isso é conseguido por meio da absorção e acúmulo de conhecimento de cada pessoa/grupo. É a capacidade do comando estratégico da organização para detectar e moldar oportunidades e ameaças, aproveitar oportunidades e manter a competitividade por meio de aprimoramento, combinação, proteção e reconfiguração dos ativos intangíveis e tangíveis do empreendimento.

Aqui tem o reforço de como cada organização é particular e possui cada uma o seu desempenho. Para imitação, é plenamente custoso à concorrência e isso implica que não se obtém de forma fácil. Disso você pode concluir que os recursos e capacidades, para cada organização, constituem a base para uma possível vantagem competitiva. Assim, possibilita criar um valor que não seja implementado pela concorrência, de forma simultânea.

O orçamento é o recurso complementar nessa história e, por meio dele, a organização busca alinhar o comportamento dos colaboradores à estratégia. Segundo a Teoria Baseada em Recursos, o orçamento apoia por organizar com o intuito de tirar o melhor proveito dos recursos e capacidades que a organização tem. As utilidades do orçamento serão responsáveis para que isso ocorra e para induzir o comportamento para os anseios desejados.

O objetivo de qualquer controle gerencial é melhorar o desempenho da organização, seja cooperativa, empresa etc. O orçamento não foge desse foco. Os estudos demonstraram que a organização que possui um orçamento por escrito tem um desempenho melhor. Uma razão para este relacionamento ser positivo é que a elaboração do orçamento serve para legitimar a importância do desempenho.

Ao entendê-lo dessa forma, significa que o orçamento pode ajudar a reduzir os projetos com desempenho insatisfatório desde o início, o que pode contribuir para uma melhor performance em nível geral da organização. Entre os possíveis indicadores do desempenho (financeiro), podemos incluir o alcance dos valores que foram orçados. Os responsáveis pela execução orçamentária trabalharão para atingir o desempenho discutido pela gestão e posto para se alcançar.

Se o orçamento for deficiente, é provável que reduza a qualidade dos dados, bem como a qualidade de acompanhamento e identificação de projetos. Nesse contexto, gerentes receberão informações imprecisas e inadequadas, o que pode comprometer o rastreamento da eficiência e, certamente, a identificação de oportunidades que podem contribuir com a organização.

Há estudos que comprovaram essa relação. A baixa qualidade do controle dificulta a capacidade das empresas em converter os investimentos em pesquisa e desenvolvimento em inovação. O estudo de Miller, Sheneman e Williams (2022) comparou empresas com controles de qualidade superior com aquelas que não possuem controle de qualidade. Nesse sentido, concluíram que as empresas devem investir, também, em controle gerencial, para obter benefícios para além do ano corrente.

Essa reflexão é importante ao considerar tudo o que foi dito ao longo do livro. Foi abordado que o orçamento é ambidestro e pode sustentar a eficiência e a busca por novas oportunidades. Nesse último quesito, a busca por inovação foi classificada entre as três principais prioridades estratégicas (54%) para as empresas de executivos, na pesquisa de Freudmann (2015). Além disso, inovação é muito mais importante do que cortar custos (42%), o que é muito atrelado à visão tradicional do orçamento.

Só o orçamento não levará a um maior desempenho. Não sou eu que estou apontando e sim a literatura acadêmica, que já aborda isso há anos (Henri, 2006; Oyadomari et al., 2011; Rehman et al., 2019). As pesquisas demonstraram que capacidades dinâmicas, orientação para o mercado, empreendedorismo, inovação e aprendizagem organizacional são o que favorecem a relação. O orçamento ancora outras práticas organizacionais, como um papel condutor de processos, por meio das condições de planejar, controlar, discutir, motivar e propor alternativas.

Imagine que você, com sua empresa, elabora o orçamento e o acompanha ao longo de determinado período. Desde o planejamento, o orçamento serve para a discussão dos melhores cenários, busca de alternativas, alocação de recursos, discussão das pesquisas de mercado e das tendências do futuro, o que é desenvolvido na empresa etc. Ao longo do tempo, a equipe discute os possíveis desvios, busca correções e debate para o alcance de uma meta.

Nessa circunstância, você e seu time favorecem para que o desempenho proposto pelo orçamento seja alcançado. Ou seja, as capacidades dinâmicas favorecem a relação entre o orçamento (recurso complementar) e o desempenho de sua empresa. É como um aprimoramento e vale lembrar que o orçamento também é um recurso e, por si só, age como um recurso interno. Ou seja, ele apoia e cumpre o seu papel de influenciar a equipe na busca de meta e estratégia.

Imagem 8. Importância da capacidade do time

Fonte: Rawpixel.com – Freepik.com

Mas precisa de gestor/time para "pensar" em torno do orçamento ao longo de toda a etapa. E então, fica claro que a utilidade do orçamento pode ser percebida para uma diferente demanda simultânea, o que foi chamado de ambidestria do orçamento. Cada grupo de utilidade exerce uma função. A utilidade orçamentária do planejamento requer a busca pela eficiência dos recursos e a utilidade orçamentária do diálogo requer o "pensar no futuro".

Figura 7. Ambidestria do orçamento e o desempenho

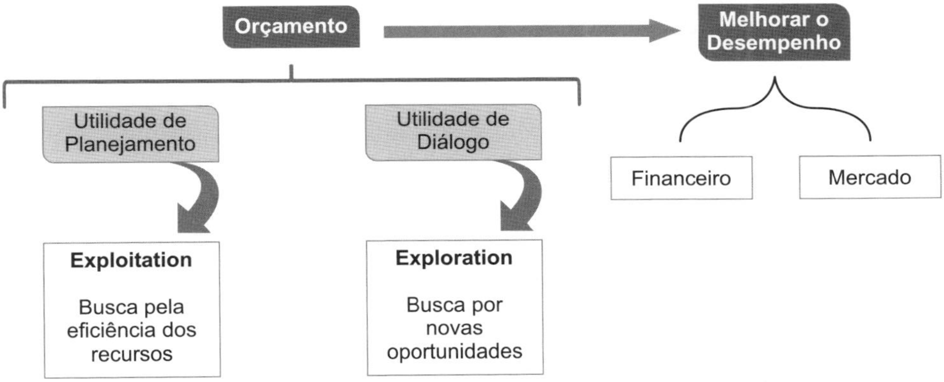

Fonte: autoria própria

E então, a ambidestria do orçamento, juntamente com as capacidades dinâmicas, orientação para o mercado, empreendedorismo, inovação e aprendizagem organizacional elevam o desempenho das organizações.

O desempenho é entendido como a quantificação e a avaliação de todos os esforços feitos pela organização para atingir os seus objetivos estratégicos. O desempenho implica alcançar os objetivos organizacionais e realizar a atividade em termos de competitividade, vantagem competitiva, eficiência, eficácia, qualidade e progresso.

Tem-se várias formas para quantificar o desempenho organizacional. Aqui abro uma ressalva: mencionei que o orçamento, só, não melhora o desempenho. Na verdade, não é bem assim. O orçamento melhora a busca pela eficiência e tem relação direta com o desempenho, conforme a pesquisa de Rehman et al., (2019). Porém, quem pesquisou antes dele, e setores diferentes, não encontrou essa relação. Geralmente, os estudos na área de negócios só fazem relação do orçamento com o desempenho financeiro e isso pode ser explicado pela visão que o orçamento só serve para eficiência. Aquela visão de uso tradicionalista do orçamento.

Imagem 9. A ambidestria do orçamento e as capacidades dinâmicas melhoram o desempenho

Fonte: Storyset – Freepik.com

E foi a partir disso que Henri (2006) sugeriu que se usasse outra dimensão para o desempenho, que no caso é o desempenho de mercado. A partir disso, percebi que teria caminho para pesquisar sobre o orçamento e explorar o desempenho financeiro e também o de mercado. Mas, antes de entrar nessa discussão, é interessante entender o conceito para cada desempenho. Vomberg e Homburg (2020) explicam a distinção entre dois tipos.

O desempenho financeiro é voltado para lucratividade, crescimento pelas receitas geradas, lucro por ação, taxas de retorno, liquidez, investimentos ou patrimônio líquido. O desempenho de mercado é definido como resultado da efetividade das atividades de marketing de uma organização, medida por critérios voltados para os clientes, como satisfação, fornecimento de valor, atração, qualidade do produto e obtenção de uma parcela de mercado.

As capacidades dinâmicas favorecem o desempenho de mercado ao propor novos produtos, satisfação de cliente e participação de mercado. O orçamento serve como suporte para apoiar a tomada de decisões. Ambos em conjunto, conduzem para um desempenho maior.

Figura 8. Desempenho organizacional

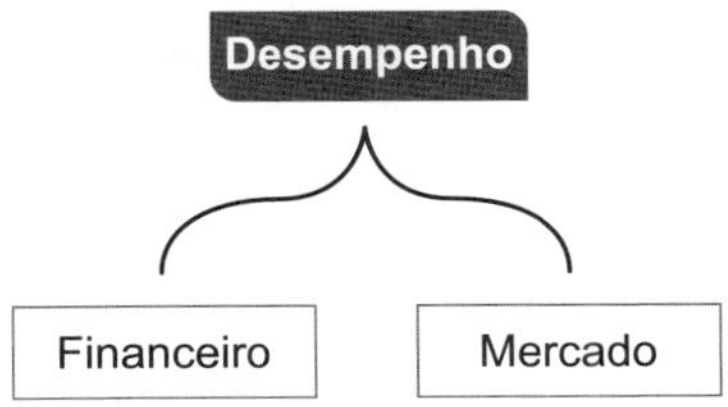

Fonte: autoria própria

Utilidades do orçamento, capacidades e desempenho

Nos dois capítulos anteriores, discutimos como o orçamento com a utilidade de planejamento e de diálogo apoia a organização. Vimos como a utilidade orçamentária de planejamento foi importante para influenciar o comportamento dos gerentes na busca de alternativas para alcançar a eficiência de recursos (*exploitation*). Também vimos como a utilidade orçamentária de diálogo fornece possibilidade para novas oportunidades (*exploration*).

Em ambos os capítulos, demonstrou-se que o orçamento exerce uma série de utilidades. As utilidades foram desde planejamento, motivação do time para alcançar os objetivos, coordenar as atividades, oferecer condições para controle, tomar decisões ótimas, identificar os desvios dos números reais dos orçados e também para adotar medidas corretivas. Acredito que as utilidades do orçamento de planejamento e diálogo podem ter uma relação positiva com o desempenho organizacional.

Essas utilidades (que almejam o controle para consecução de meta e busca por novas oportunidades) ajudam e melhoram o desempenho. O orçamento proporciona cenário para a capacidade de a organização empreender, inovar, orientar para o mercado e aprender.

Segundo estudos (Henri, 2006; Rehman, Mohammad e Ayoup, 2019) e a minha própria tese, o orçamento e essas capacidades dinâmicas melhoram o desempenho financeiro e de mercado. Na utilidade de planejamento, o orçamento fornece condição para atingir a meta e discutir projetos. Na utilidade de diálogo, fornece interação entre níveis hierárquicos, o que permite o debate de ideias.

Figura 9. Ambidestria do orçamento, capacidades dinâmicas e desempenho organizacional

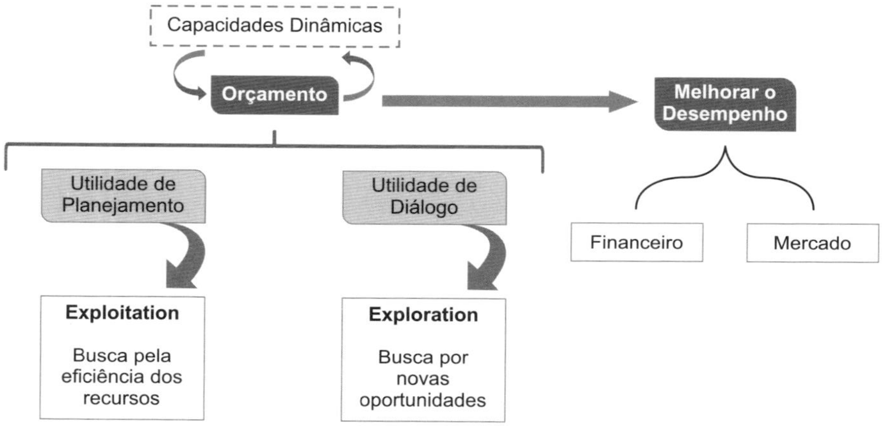

Fonte: autoria própria

As discussões que ocorrem em torno do orçamento podem permitir que os gerentes da organização busquem empreender, inovar, orientar para o mercado e aprender. Nesse contexto, o recurso complementar (orçamento) e essas capacidades dinâmicas conduzem a organização para alcançar um desempenho maior (Barney, 1991). Para confirmar essa relação, pesquisei a realidade de duzentos gestores de médio e alto escalão das organizações do agronegócio produtoras de grão de todo o Brasil.

O objetivo foi analisar justamente essas relações tratadas na realidade dos gestores. No caso, queria analisar se a ambidestria do orçamento com capacidades dinâmicas, orientação para o mercado, empreendedorismo, inovação e aprendizagem organizacional elevam o desempenho das organizações.

O artigo que confirmou essa relação foi publicado pela revista *ASAA Advances in Scientific and Applied Accounting* (ASAA Journal) e, no momento em que escrevo (outubro de 2023), foi indicado ao prêmio de melhor artigo publicado em 2022 na área de Controladoria e Contabilidade Gerencial. Se tiver interesse em lê-lo na íntegra, você pode acessá-lo por meio do link: https://asaa.anpcont.org.br/index.php/asaa/article/view/914

A maioria dos participantes da pesquisa é do gênero masculino (67%), possui idade entre 31 a 40 anos (49%), tem grau de formação do ensino superior (86%) e trabalha como gerente (61%) e como diretor (39%). Quanto às organizações, 42% possuem faturamento superior a R$ 4,8 milhões, 32% faturamento maior que R$ 300 milhões; 36% possuem entre 100 a 499 colaboradores, 28% entre 11 a 99 colaboradores; 92% elaboram o orçamento de forma anual, 8% de forma flexível; 55% possuem apenas 5 departamentos e 41% de 6 a 10 departamentos.

Essas organizações eram vinculadas a alguma destas associações: Associação Brasileira do Agronegócio (ABG), Associação Brasileira das Indústrias de Alimentação (ABIA), Associação Brasileira da Indústria do Trigo (ABITRIGO), Associação Brasileira dos Produtores de Milho (ABRAMILHO), Associação Brasileira dos Produtores de Sementes de Soja (ABRASS), Associação Brasileira dos Produtores de Amido de Mandioca (ABAM) e COCAMAR Cooperativa Agroindustrial.

Como resultado, pode-se verificar que os respondentes perceberam como maior utilidade do orçamento (com maior média) a determinação de volumes operacionais e a coordenação das unidades da organização. As utilidades quanto a funcionar como base de sistemas de compensação e bônus e motivação do pessoal tiveram as menores médias. Considero esse resultado como o costume de uso do próprio orçamento que, geralmente, é visto para a busca de eficiência dos recursos.

Ao considerar a relação entre a ambidestria do orçamento e as capacidades dinâmicas, verificou-se uma relação positiva entre as utilidades de planejamento e do diálogo do orçamento com as capacidades dinâmicas. Nesse sentido, as utilidades do orçamento de planejamento são entendidas para o alcance das metas (Simons, 1995), o que também pode apoiar as capacidades dinâmicas da organização em aprender, orientar-se para o mercado, empreender e inovar (Speklé et al., 2017).

Na relação positiva entre as utilidades de diálogo do orçamento com as capacidades dinâmicas, pode ser vista para auxiliar a capacidade de processamento de informações e promover a interação entre os diferentes atores da organização, possibilitando discussão, diálogo e busca de novas oportunidades.

Por fim, testei se o nível de utilidade do orçamento, planejamento e diálogo, usado por esses gestores se relaciona com as capacidades dinâmicas, o que pode aumentar o desempenho organizacional (mercado e financeiro). Como resultado, o desempenho organizacional tem relação com o orçamento empresarial (planejamento e diálogo) quando mediado pelas capacidades dinâmicas.

Deixo a ressalva que os resultados foram significativos, tanto para a importância que o gerente e diretor proporcionam aos indicadores, como também ao comparar o desempenho de sua unidade e/ou organização com o da concorrente.

De forma complementar, analisei se esses resultados diferiríam a partir da segregação da amostra entre quem usa o tipo do orçamento (anual, trimestral etc.) e do porte dessas organizações do agronegócio.

Desse modo, foram divididos em dois grupos, sendo orçamento do tipo fixo o grupo 1 (orçamento anual), com 183 respondentes, e orçamento do tipo flexível o grupo 2 (trimestral etc.), com 17 respondentes. No outro caso, foi feita a divisão em dois grupos, sendo as organizações pequenas e médias o grupo 1, com 136 respondentes e as organizações grandes, e o grupo 2, com 64 respondentes. Como o setor do agronegócio é formado, sobretudo, por pequenas e médias organizações que podem conduzir o orçamento, sobretudo o trimestral, para fins de planejamento e controle (Pindado & Sánchez, 2017; Merchant & Van der Stede, 2007), torna-se importante essa análise.

Como resultado para utilidade orçamentária de planejamento: a utilidade exerce influência maior nas capacidades dinâmicas no período trimestral; influência maior no desempenho organizacional (importância dos indicadores) quando mediada pelas capacidades dinâmicas no tipo trimestral. A evidência para a utilidade orçamentária de diálogo foi:

exerce influência maior no desempenho organizacional (em comparação aos concorrentes) quando mediada pelas capacidades dinâmicas no tipo trimestral.

Acredito que esse resultado fornece a visão que o orçamento, elaborado de forma trimestral, permite condições para revisão do planejamento, fornecendo capacidade de monitorar e atualizar seus números. Além disso, permite que se busquem alternativas criativas dentro de limites observados. Tais circunstâncias refletem no desempenho organizacional, no qual a importância dos indicadores é evidenciada pelas metas alcançadas.

Este orçamento, elaborado de forma trimestral, pode induzir ao diálogo em torno do orçamento, que busca interação, discussão quanto às metas não financeiras e pela busca de alternativas. Em consequência, o cenário pode ser importante para se alcançar desempenho organizacional de mercado superior quando comparado aos concorrentes.

Ao considerar o porte das organizações do agronegócio, foi constatado que existe diferença significativa nas relações de planejamento com as capacidades dinâmicas e do diálogo com o desempenho organizacional (comparado aos concorrentes) mediado pelas capacidades dinâmicas. Sendo assim, a utilidade do orçamento de planejamento exerce influência maior nas capacidades dinâmicas nas organizações de pequeno e médio porte. Outro achado concerne a utilidade do planejamento de diálogo, que exerce influência maior no desempenho organizacional quando mediada pelas capacidades dinâmicas também em organizações de pequeno e médio porte.

A característica do orçamento em organizações menores indica que este depende mais de controle interpessoal, necessidade de coordenação menor associada à escala de operações, maior consistência nas mensagens e na comunicação devido ao menor número de gerentes (Heinicke, Guenther & Widener, 2016), o que pode refletir na utilidade do orçamento, capacidades dinâmicas e no desempenho organizacional.

Tais circunstâncias podem facilitar o planejamento para obtenção das metas e o apoio com as capacidades dinâmicas no que concerne a aprender, orientar para o mercado, empreender e inovar dentro de sua possibilidade. Além disso, essas circunstâncias também favorecem o diálogo entre distintos níveis hierárquicos e a busca de novas oportunidades.

Nesse quesito, permitem que a organização busque alternativas, o que culmina em um desempenho superior quando se comparado aos concorrentes (Uyar & Kuzey, 2016).

Capacidades dinâmicas, ambidestria do orçamento e o desempenho organizacional — reflexão

Os resultados mostraram que as utilidades orçamento de planejamento e de diálogo influenciam as capacidades dinâmicas de aprendizagem organizacional, orientação para o mercado, empreendedorismo e inovação. Ou seja, comprovou-se que o orçamento desperta os gestores a responder e criar mudanças no mercado em que a organização está inserida.

Ao considerar a relação entre orçamento e desempenho financeiro, os gestores entendem que o orçamento com utilidade de planejamento é necessário para alcançar metas de curto prazo e que auxilia a excluir projetos insatisfatórios (Henri, 2006). No contexto de metas de curto prazo, as capacidades dinâmicas induzem à reflexão, ao reajuste das organizações, ao aprendizado, a empreender, a inovar, o que é importante para que se realize a meta e que melhorará o desempenho.

Já no desempenho de mercado, a relação é de forma igual. A distinção é porque o desempenho de mercado busca alcançar metas de mercado, satisfação, aquisição e fidelidade dos clientes. Essas capacidades dinâmicas também são importantes ao entenderem que os gestores buscaram criar, inovar, aprender, orientar-se para o mercado para o controle e alcance da meta, o que conduzirá ao desempenho.

Como vimos, a utilidade de diálogo é necessária, porque possibilita interação e discussões entre os níveis hierárquicos. Quando se tem um ambiente que permite essa situação, pode-se ter o compartilhamento de experiências e discussões sobre mudanças importantes para alcançar o objetivo estratégico. Essa circunstância, certamente, pode aumentar o desempenho financeiro da organização. E foi esse o resultado foi encontrado.

No desempenho de mercado, a sua relação com a utilidade de diálogo é semelhante. Nesse quesito, têm-se indicadores que almejam mercado e cliente. A interação busca o desenvolvimento do mercado, como também desenvolver novos produtos/serviços, satisfação e fidelidade do cliente, o que aumenta, em longo prazo, o desempenho.

Na discussão apresentada nesse capítulo, vimos que o orçamento, a partir da utilidade de planejamento e do diálogo, oferece cenário para que as capacidades dinâmicas do empreendedorismo, inovação, aprendizagem organizacional e orientação para o mercado dos gestores aflorem e contribuam para que se alcance um desempenho maior.

Nos capítulos anteriores, demonstramos que a utilidade de planejamento e de diálogo possui característica com a ambidestria organizacional. Seguimos, até aqui, na mesma dinâmica. Os 200 gestores entenderam que o orçamento possui essa característica, ou seja, busca de eficiência e por novas oportunidades. Esses pontos, digamos, ambidestros, são essenciais para criar plano de fundo para as capacidades dinâmicas.

A busca de eficiência pode ser vista como metas orçamentárias. Esses limites predefinidos podem ser estruturados como uma situação-problema em condição para que o pensamento criativo se torne imprescindível, no qual as soluções padrão podem não mais servir para atender os parâmetros de decisão. Em novas oportunidades, uma maior interação é sinônimo de aumento de fluxo de informações e trocas de ideias. Em ambas condições, os gerentes e diretores podem influenciar o comportamento dos colaboradores.

E é sempre importante destacar que este estudo demonstra, de forma empírica, que o orçamento pode possuir múltiplas utilidades dentro da organização. Isso perpassa a busca de eficiência de recursos. Pode sim, ser percebido como indutor da busca por novas oportunidades. A intenção do estudo é contribuir para levantar discussões sobre como o orçamento pode auxiliar os gestores e diretores do agronegócio a entender melhor o seu papel além das utilidades tradicionais com escopo mais amplo.

PONTOS-CHAVE DO CAPÍTULO

- O desempenho representa se a atividade ocorrida na organização foi satisfatória. É o resultado do processo produtivo, no qual o uso dos recursos e capacidades foram responsáveis.
- Como cada organização tem sua tecnologia, experiência, equipamentos e treinamentos, é provável que cada organização alcance desempenho diferente.
- Cada organização tem a sua capacidade de integrar, construir e reconfigurar os recursos internos, com a intenção de lidar com o ambiente.
- Cada organização é particular e possui, cada uma, o seu desempenho. Para imitação, é plenamente custoso à concorrência e isso implica que não se obtém de forma fácil.
- O orçamento é o recurso complementar nessa história e, por meio dele, a organização busca alinhar o comportamento dos colaboradores à estratégia.
- Os estudos demonstraram que a organização que possui um orçamento por escrito tem um desempenho melhor. Uma razão para este relacionamento ser positivo é que a elaboração do orçamento serve para legitimar a importância do desempenho.
- O orçamento ancora outras práticas organizacionais, como um papel condutor de processos, por meio das condições de planejar, controlar, discutir, motivar e propor alternativas.
- O desempenho organizacional tem relação com o orçamento empresarial (planejamento e diálogo) quando mediada pelas capacidades dinâmicas.
- Os duzentos gestores entenderam que o orçamento possui característica ambidestra, ou seja, busca de eficiência e por novas oportunidades. Esses pontos, digamos, ambidestros, são essenciais para criar plano de fundo para as capacidades dinâmicas.

PERGUNTAS PARA OS GESTORES E LÍDERES

- Quais são as utilidades mais importantes — ou a mais importante — para os quais ou o qual o seu orçamento é usado para solucionar?
- Com que abrangência essas utilidades de orçamento ancoram e induzem às práticas organizacionais de empreender, inovar, de aprendizagem ou orientação para o mercado?
- É perceptível a característica ambidestra do orçamento na sua organização?
- Os líderes de sua organização transmitem consistentemente a essencialidade de uso do orçamento para fins de busca por novas oportunidades?
- Como você poderia incorporar essa essencialidade em todas as suas mensagens de liderança, em suas comunicações corporativas e em sua cultura?
- Como é refletida a relação do orçamento ambidestro com as capacidades dinâmicas empreender, inovar, de aprendizagem ou orientação para o mercado no desempenho financeiro e, sobretudo, de mercado?

CAPÍTULO **7**

Observações finais sobre a ambidestria do orçamento

"Propor mudança é saber enfrentar normas estabelecidas que, muitas vezes, limitam o seu trabalho. É preciso conhecer essas regras e usar os instrumentos do passado para construir um futuro diferente."

— Paulo Barros

A GRANDE IDEIA

Nesse final de livro, tenho duas expectativas. Primeiro, gostaria de evidenciar meu entusiasmo por aquilo que o modelo mental sobre a ambidestria do orçamento é capaz de representar, porque responde a uma pergunta muito importante, que durante décadas foi negligenciada: o orçamento é feito inerentemente para a busca de eficiência dos recursos? Minha resposta é, terminantemente, "não"! Segundo, desejo evidenciar as fronteiras desse orçamento — o que ele consegue contribuir para a eficiência e para a busca de novas oportunidades. Isso é fundamental. Se essa ambidestria for usada para esses fins, tenderá a entregar resultado.

Caro/a leitor/a, podemos entender que a ambidestria é importante, especialmente ao considerar a necessidade de se encontrar o equilíbrio entre inovar e manter o que de melhor já é feito. Se a sua organização não fizer isso, carimbará uma data de validade e, eventualmente, poderá ser extinta. Isso pode significar que a maioria converge para uma ou duas coisas que aprenderam a fazer bem, param de crescer, aprender e mudar e são extintas quando o ambiente muda.

Na introdução do livro, expliquei que decidi testar a ambidestria organizacional e como o orçamento se comportava e auxiliava na inovação. Busquei atravessar a fronteira que abarcava, no orçamento, apenas a visão de eficiência de recursos. Para tanto, parti de alguns questionamentos e reflexões: *A ambidestria e o orçamento conseguem atuar juntos? Conseguem trazer avanços às organizações? Que estruturas organizacionais e gerenciais são necessárias? O que funciona e o que não?*

Imagem 10. Importância da capacidade do gestor

Fonte: Smilephotoap – Freepik.com

Como vimos, ao longo deste livro, o orçamento exerce diversas utilidades, que podem apresentar formas diferentes. Ao mesmo tempo que serve para controlar, também analisa os desvios, permite correções, sinaliza metas, influencia o comportamento dos colaboradores, motiva, permite o debate e dissemina o conhecimento. Por meio dessas utilidades, está em linha ao que é traçado e discutido na ambidestria organizacional. Ou seja, entendo que o orçamento, por gerenciar a melhora dos recursos e a busca por novas oportunidades, é ambidestro.

Tudo isso com a lente teórica da Teoria Baseada em Recursos, que explica que diferentes organizações que competem no mesmo mercado possuem desempenho diferente. Isso é dado pelas características internas dessas organizações. As características foram relatadas como os recursos internos e as capacidades que cada organização controla ou possui. Essa teoria, assim como outras, parte da seguinte indagação: o que causa o quê? E como resposta, reafirmamos que o que causa o desempenho são os recursos e capacidades que cada organização tem.

Os recursos são fatores que possuem e controlam, não sendo disponíveis e transferíveis (ativos financeiros, físicos, capital humano e patentes). As capacidades dinâmicas são as capacidades de a organização integrar, construir e reconfigurar recursos internos, competências para lidar com ambientes em rápida alteração.

As capacidades são as responsáveis por capturar valor em ambientes dinâmicos e com rápidas mudanças. A partir disso, a organização cria respostas para lidar com o ambiente. As capacidades discutidas foram as de empreender, inovar, aprender e orientar para o mercado. O orçamento serve para apoiar o uso dos recursos internos e servir como âncora para suscitar discussões em busca de alternativas. A teoria reconhece o orçamento como recurso complementar.

Você já parou para analisar os recursos internos e as capacidades dinâmicas da sua organização e do grupo de concorrentes? Lembre-se: para uma possível imitação, o processo custará muito à organização interessada em proceder com a imitação.

Assim como a teoria explica o comportamento em uma ampla série de situações, também se aplica a uma ampla série de questões. No caso de problemas mais complexos, é raramente tão simples quanto identificar uma única teoria que ajuda a resolvê-los. Pode haver diversas teorias que proporcionam percepções.

Um detalhe importante

À primeira vista, é estranho imaginar que o orçamento oferece e influencia a busca por novas oportunidades. Por um lado, pode criar um ambiente excessivamente burocrático, que dificulta todo esse processo. Por outro, pode permitir a documentação sistemática dos projetos e um melhor fluxo de informações. Ter essa quantidade maior de informações pode apoiar os gerentes a identificar e descobrir os projetos mais promissores.

Mas isso tudo depende também da qualidade desse controle interno na organização. É muito importante ressaltar isso e você deve ficar atento. Se o orçamento for ineficaz, certamente, reduzirá a qualidade dos dados, bem como a qualidade para servir de âncora às capacidades dinâmicas de empreender, inovar, de aprendizagem organizacional e de orientação para o mercado. Isso é óbvio, será uma redução da capacidade dos gerentes de receber informações precisas e oportunas.

Como exemplo, os gerentes podem ser incapazes de alocar níveis apropriados de pessoal e de recursos financeiros para operações ou projetos que possam maximizar o desempenho da organização.

Nesse sentido, o investimento ter uma estrutura consistente para o orçamento é muito importante. Se você é preocupado com a busca de novas oportunidades por sua organização, deve considerar os benefícios de ter um orçamento com qualidade. Ao longo do livro, vimos que o orçamento não é um obstáculo burocrático que sufoca a inovação. Mas entenda, mais uma vez, que o controle pode ser a chave para uma maior inovação.

Além disso, pode ajudar a prevenir fraudes, monitorar riscos e melhorar a qualidade de suas informações financeiras.

Teve um estudo que examinou a qualidade do controle com os registros de patentes de empresas públicas do EUA. Este estudo é de 2022, dos autores Brian Miller, Amy Sheneman e Brian Williams, intitulado *The Impact of Control Systems on Corporate Innovation* (O Impacto dos Sistemas de Controle na Inovação Corporativa, em tradução livre). O estudo mediu a inovação como o número de patentes ou seus valores no mercado de ações.

Os resultados evidenciaram que, em caso de um controle gerencial menos eficaz, menos inovação haverá. O contrário também foi encontrado, ou seja, controle gerencial mais eficaz tem maior inovação. Assim, quando uma empresa possui sistemas de controle ineficazes, sua capacidade de identificar e patentear sua propriedade intelectual mais valiosa é prejudicada. Além disso, esse impacto parece ser economicamente significativo, pois a medida combinada de controles ineficazes sugere que ter controles internos de qualidade inferior diminui o valor da produção inovadora em aproximadamente 3,5% a 7,7%, o que equivale a um valor de US$ 12,55 a US$ 27,71 milhões para cada ano em que a empresa tem controles internos ineficazes.

Este estudo está em linha com o nosso raciocínio, ao considerar que o orçamento da organização, quando não é eficaz, sem qualidade, resultará em menor desempenho. E também implicará no futuro da organização, já que as discussões em torno do orçamento podem ser comprometidas e atrapalhar o processo de tomada de decisões. É preciso estar atento e atenta ao time para erros e situações que possam deixar o orçamento sem qualidade.

Podemos, de fato, chamá-lo de ambidestro?

A ambidestria do orçamento foi desenvolvida indutivamente. Como a limitação imposta ao orçamento tem sido tão comum, eu não poderia iniciar de uma proposição de causalidade principal que pudesse testar de forma dedutiva. Por isso, durante o doutorado, observei de forma cuidadosa o que as pessoas que usavam o orçamento estavam tentando fazer e tentei obter as respostas à pergunta "por quê?".

A partir dos dois estudos de caso, em duas organizações, pude observar de forma direta. Percebi como os fenômenos interagem, conectam e desconectam. Alguns leitores deste livro talvez critiquem, porque histórias reais de pessoas reais em empresas reais não são dados do tipo que podem ser manipulados em uma planilha. Contudo, me serviu para levantar possíveis hipóteses e investigar a realidade de duzentos gestores do agronegócio de diversos estados brasileiros. Usei das relações estatísticas entre os mesmos fenômenos para confirmar (ou invalidar) essas hipóteses de pesquisa.

Por conta desse esforço, tenho a convicção de que a denominação de um modelo mental da "ambidestria do orçamento" é adequada. Concorda?

Espero que você e outros leitores deste livro encontrem fatores que a ambidestria do orçamento não foi capaz de explicar até aqui. Se informar esses problemas para mim, vai me ajudar a aperfeiçoar nossa interpretação coletiva. Ao escrever este livro, procurei criar alternativas para que isso seja aprimorado coletivamente on-line e, portanto, acolho de bom grado suas ideias. Meu mais profundo agradecimento, de forma antecipada, por se unir a essa busca para obter cada vez mais informações e nos ajudar a perceber como podemos gerenciar melhor as nossas organizações.

Ambidestria do orçamento para além do sucesso nas organizações

Sem perceber, usamos essa mentalidade em nossas interações com as pessoas o tempo todo. Podemos nos vestir com a teoria aplicada ao orçamento ambidestro como um par de lentes e examinarmos o que ocorre em nossa vida pessoal, sobretudo no nosso âmbito domiciliar.

Por que algumas famílias conseguem ter uma vida mais estável e realizar planos e outras não? Ou seja, o desempenho é diferente a partir de alguns fatores e da condição para lidar com o ambiente. Isso também passará pela diferenciação dos recursos internos e capacidades dinâmicas para cada família. E também pelo orçamento familiar, que seria o recurso complementar que vai servir para explorar ao máximo os recursos e as capacidades. A partir dele, haverá planejamento e controle dos recursos e também a busca de novas oportunidades, o que pode ser visto como planos futuros ou sonhos. Já parou para pensar nisso?

Últimas considerações

Imagem 11. Construção de um futuro diferente

Fonte: Freepik

Utilize o modelo mental e o teste do orçamento ambidestro para identificar as utilidades do orçamento na sua organização e explore outras utilidades para auxiliá-lo a escrever um futuro diferente. No teste, compilei os dois pilares discutidos aqui no livro: orçamento para alcançar a eficiência competitiva e orçamento para estimular a inovação. Acesse no link ou veja no Apêndice A, descubra o resultado e, posteriormente, crie ideias de como explorar melhor o seu orçamento.
Mapa do orçamento ambidestro. Veja o Apêndice A do livro ou acesse por meio do link: https://linktr.ee/thiagobrunojs

Como mencionei no início, este livro foi idealizado para se tornar uma ferramenta muito importante para quem almeja melhorar o desempenho, ao entender que o controle gerencial (orçamento) pode ser ambidestro. Na minha visão, o orçamento pode melhorar a eficiência competitiva e estimular a busca por novas oportunidades nas organizações.

Se você, leitor, agora for capaz de responder às perguntas que estavam na introdução, meu objetivo foi cumprido. É claro que, por se tratar de um assunto tão profundo, é provável, ao longo dessa caminhada, que você poderá ter outras dúvidas, questionamentos e reflexões. Vejo isso como salutar e de maior riqueza, visto que considero um processo contínuo da construção da aprendizagem.

Após o final da trajetória de leitura do livro, é importante que entenda que o que fica é o legado de quem se esforça para fazer a diferença nas organizações. Torço para que, a partir de agora, você tenha mentalidade para entender que um simples controle gerencial pode permitir uma análise aprofundada da própria organização, assim como se sentir confiante e preparado o suficiente para dar novos passos e fazer novas escolhas com base no que absorveu.

A verdadeira herança deixada é aquela que qualifica e inspira outras pessoas a continuarem a se preparar para multiplicar e compartilhar o que aprenderam, com o intuito de transformar vidas e o mundo. Paulo Barros, um carnavalesco, ganhador de diversos carnavais cariocas, tem uma frase inspiradora e que carrego sempre comigo: "*enquanto você busca fazer a diferença, alguém que deseja a mesma coisa pode estar procurando você*".

Não é mais nenhuma falácia afirmar que o orçamento pode contribuir com as organizações em diversas situações, como uma crise, um cenário de incerteza, uma limitação orçamentária, pequenas empresas, no efeito adverso de uma estiagem, na competição e concorrência, no auxílio em respostas estratégicas, no empoderamento e na criatividade dos colaboradores, em cooperativas, em diversos setores/ramos etc. Deixo um capítulo extra (capítulo 8), intitulado "Tópicos contemporâneos", com alguns estudos que reforçam o papel do orçamento em distintas situações.

Tenho conversado com gestores e a sensação até aqui é que, embora existam críticas ao orçamento, o seu uso não foi interrompido e é uma ferramenta muito útil. Isso é um ponto importante, que merece destaque e incentivo para as organizações que ainda não utilizam o orçamento. Ou seja, para o olhar de gestores, no momento de crise, o orçamento auxiliou no planejamento e no diálogo.

Após muitos anos pesquisando e observando a prática nas organizações, percebo claramente que serviram de base e referência para chegar até onde cheguei e me ensinaram a ser muito mais humano e assertivo. Agora que você já entendeu que o orçamento é ambidestro, vem comigo!

CAPÍTULO **8**

Extra. Tópicos contemporâneos sobre o orçamento nas organizações

"Nunca diga às pessoas como fazer as coisas. Diga-lhes o que deve ser feito, e elas o surpreenderão com sua engenhosidade."
— General George Patton

A GRANDE IDEIA

Desde os primeiros estudos sobre os problemas com o orçamento, estudiosos, consultores e gerentes tentaram explicar a incapacidade do orçamento de funcionar, de forma desejável, em contextos caracterizados pela alta incerteza. O objetivo principal deste capítulo é reforçar como o orçamento pode contribuir nas organizações em diversos cenários. Minha intenção é atiçar sua curiosidade, ao mostrar, por meio de exemplos, a profundidade e a amplitude das questões que podemos investigar por meio da ambidestria do orçamento.

O orçamento segue sob ataque por conta de uma suposta incapacidade de funcionar de forma desejável em contextos caracterizados pela alta incerteza, como os causados por uma crise, mudança na tecnologia, efeitos adversos de evento climático, mercados globais, competição e aumento de novos conhecimentos. Os críticos apontaram que o orçamento tradicional deve ser alterado ou substituído por orçamentos contínuos (mensal, trimestral).

O orçamento foi visto como muito demorado e dispendioso para empreender, incentivar a política interna e o comportamento de jogo, no momento que devia impulsionar o desempenho. Ainda, tende a promover cultura de curto prazo em que se concentra em atingir um orçamento, em vez de implementar a estratégia e criar valor a médio e longo prazo. A literatura entende que esses pontos mencionados conduzem ao mau desempenho.

Apesar dessa discussão, um estudo recente de Matejka, Merchant e O'Grady (2021) concluiu que o orçamento ainda continua vivo nas organizações e continuará a ser importante no futuro, relatando o compromisso de continuar com suas práticas orçamentárias. O cenário desejável para o orçamento é aquele que preveja o futuro, auxilie na maximização de lucro, assim como fornecer um meio de comunicação ao gestor, calcular as recompensas, motivar os funcionários e avaliar e controlar o desempenho.

Para se tornar eficaz, o orçamento deve ser alinhado à estratégia do negócio, com seu processo apropriado de planejamento estratégico e gestão de desempenho introduzido. Além disso, deve envolver processos baseados em valores, no qual o foco está em identificar e gerenciar os impulsionadores do valor do acionista/sócio/etc., que deixe claro as ligações entre os impulsionadores de valor e que promova um processo contínuo de questionamento e contestação das premissas da estratégia.

Em virtude desse contexto, separamos alguns estudos que reforçam como o orçamento pode contribuir nas organizações em diversas situações, como crise, cenário de incerteza, limitação orçamentaria, efeito adverso de uma estiagem, competição e concorrência, auxílio em respostas estratégicas, no empoderamento e na criatividade dos funcionários, em cooperativas, clubes de futebol, empresas de tecnologia e no agronegócio. Primeiro, abordaremos um contexto extremamente recente que foi a crise do covid-19, oferecendo tipos de respostas estratégicas e o papel do orçamento.

O papel do orçamento em momentos de crise

À medida que o coronavírus continua a se espalhar, os governos implementam fortes medidas para salvaguardar vidas, como a proibição de eventos, bloqueios e paralisações. Sabe-se que crises provocam grandes recessões econômicas, sobretudo a atual, que pode ter impactos ainda mais devastadores, pois afeta empresas e sociedades em um momento frágil, em que as circunstâncias políticas e econômicas são instáveis.

Dada esta crise severa, as empresas precisam de mecanismos adequados para se recuperar. Dentre os diversos setores afetados, destacam-se o aéreo, o varejo, o turismo, os esportes e eventos. A pandemia do covid-19 propõe questionamentos relevantes sobre como as empresas podem responder à crise e como o orçamento empresarial pode auxiliá-las. Entre as respostas estratégicas, separamos três, que foram discutidas por Wenzel, Stanske e Lieberman (2020): conter, perseverar e inovar.

A contenção é uma resposta estratégica observável em momentos de crise. Essa resposta busca reduções de custos, ativos, produtos, linhas de produtos e despesas gerais. Ou seja, medidas que limitam o escopo das atividades de negócios de uma empresa (Wenzel et al., 2020). A redução de capital é imprescindível para a recuperação da empresa no longo prazo, visto estabilizar o declínio do desempenho.

Ao considerar a contenção e a limitação, o orçamento é necessário para melhorar a alocação de recursos e, de forma simultânea, conduzir a empresa a ter criatividade para obtenção de nova fonte de recursos. Desta forma, o orçamento pode ser responsável por gerar criatividade devido ao cenário de restrição orçamentária que os gestores estarão vivenciando, além de melhorar a discussão e a participação orçamentária, para melhor alocação de recursos.

A resposta estratégica da perseverança é conhecida como medida destinada a sustentar a atividade de negócios de uma empresa em tempos de crise. Busca-se o contrário da resposta anterior (contenção). Almeja-se preservar o status quo e mitigar os impactos adversos da crise. Nesse contexto, o orçamento tem o seu papel de planejamento, coordenação e controle. Reconhece que essa estratégia é atrelada à disponibilidade de recursos financeiros (folga). Nesse sentido, o orçamento é útil para o gestor decidir até que ponto poderá sustentar as atividades, manter a estratégia existente e/ou optar por uma renovação.

Na resposta estratégica da inovação, reconhece-se que, embora as crises possam ter impactos devastadores nas economias e nas sociedades, também abrem espaço de oportunidades para a renovação estratégica. Esses momentos podem ser úteis para perceber o que costumava ser impensável ou inviável (Tripsas, 1997). Nessa circunstância, indiferente de perseverar e/ou adotar medida de contenção, esses empresários/gestores se envolveram em uma renovação estratégica.

Na busca de novas oportunidades, o orçamento pode apoiar a inovação, visto ser um método financeiro que atua na comunicação, discussão de ideias, cria consenso e fornece contexto para que gestores possam avaliar dimensões mais subjetivas dos projetos. Nessa circunstância, a ambidestria do orçamento pode apoiar a inovação em momentos de renovação estratégica causada pela crise.

Para as respostas estratégicas de contenção, perseverança e inovação, o orçamento pode ser o plano de fundo que permite concluir o que deve ser feito. O sistema orçamentário auxilia a limitar gastos e planejar metas, o que pode promover o surgimento de alternativas para que os gestores consigam alcançar resultados satisfatórios mesmo com limitação orçamentária causada pela crise.

O estudo é fruto da minha colaboração com Carlos Eduardo Facin Lavarda, professor da Universidade Federal de Santa Catarina (UFSC).

O artigo resultante da pesquisa foi apresentado no evento *XX USP International Conference in Accounting*. Se você tiver interesse em lê-lo na íntegra, pode acessá-lo por meio do link: https://congressousp.fipecafi.org/anais/20UspInternational/ArtigosDownload/2800.pdf

Orçamento: os tipos de elaboração afetam as utilidades?

Muitas empresas aderiram ao orçamento flexível, com predomínio em revisões trimestrais e mensais. Estas empresas aprovam o uso do orçamento flexível, por ser considerado mais útil para se adaptar às constantes mudanças (Bhimani et al., 2018). O orçamento flexível oferece maior facilidade para a empresa lidar com as necessidades informacionais e com a elaboração e revisão do planejamento estratégico.

Ekholm e Wallin (2011) agruparam o orçamento em duas utilidades: (a) como utilidade de planejamento (planejamento, coordenação, alocação de recursos e determinação dos volumes operacionais) e (b) como utilidade de diálogo (comunicação, criação de consciência, motivação). Acredita-se que diferentes prioridades emergem de acordo com a utilidade do orçamento, as quais podem ser úteis por razões operacionais e na busca por novas oportunidades. O estudo pressupõe que a utilidade de planejamento do orçamento conduz à consecução das metas organizacionais. Já o orçamento com utilidade de diálogo permite discussão mais dinâmica nos ambientes de incerteza.

O objetivo desse estudo consistiu em identificar a relação entre a elaboração do orçamento pelo tipo fixo e/ou flexível e as utilidades agrupadas no planejamento e diálogo de 101 gestores pertencentes à Associação das Empresas Brasileiras de Tecnologia da Informação – ASSESPRO.

Como resultado, a maioria das empresas adere ao orçamento na periodicidade anual. Este estudo oferece evidências de que as utilidades do orçamento são úteis, o que independe do seu tipo de elaboração. A elaboração do orçamento pelo tipo fixo ou flexível é idêntica na utilidade de planejamento. Contudo, a utilidade do orçamento para as utilidades de diálogo ocorre nas empresas que elaboram o orçamento flexível.

Nesse sentido, existe diferença na utilidade para o diálogo entre as organizações que elaboram o orçamento de maneira flexível. Logo, diferentes prioridades emergem para cada tipo, o que faz considerar razões operacionais e a busca por novas oportunidades. O resultado permite supor, também, que as organizações da amostra podem utilizar o orçamento fixo e flexível de forma mútua, de modo que algumas utilidades podem ser idênticas e exclusivas de acordo com o tipo do orçamento.

O estudo indica que as organizações percebem que há exclusividade de utilidade do orçamento de acordo com o seu tipo. Os diferentes tipos de orçamento não podem ser vistos como rivais na implementação eficiente e eficaz dos recursos organizacionais (utilidades de planejamento), mas o orçamento flexível tem sido mais útil às organizações para fomentar o diálogo, o debate organizacional, a motivação, incentivar o intercâmbio de informações, contribuir com a disseminação de conhecimento, distribuição e comunicação de informações e com o surgimento de ações estratégicas (utilidades do diálogo).

A pesquisa foi fruto da minha colaboração com Cristian Baú Dal Magro, professor da Unochapecó; Marília Paranaíba Ferreira, professora da Universidade Federal de Goiás (UFG); Antonio Carlos Vaz Lopes, professor da Universidade Federal da Grande Dourados (UFGD); e Carlos Eduardo Facin Lavarda, professor da Universidade Federal de Santa Catarina (UFSC).

O artigo resultante da pesquisa foi apresentado no evento XIV *Congreso Iberoamericano de Control de Gestión* e publicado na revista Gestão dos Países de Língua Portuguesa Se você tiver interesse em lê-lo na íntegra, pode acessá-lo por meio do link: https://www.redalyc.org/journal/5680/568074155001/html/

O orçamento estimula ou inibe o sentimento de empoderamento e a criatividade?

A discussão atual explica que a contabilidade, por meio dos mecanismos do controle gerencial, pode ter influência no sentimento de empoderamento e na criatividade. A psicologia social entende que a liberdade oferecida no trabalho permite a criatividade do indivíduo e a rigidez nos controles pode impedir seu pensamento criativo. Contudo, a contabilidade entende que a forma como o controle é percebido pode afetar as suas ações.

O empoderamento é conceituado como a sensação que o funcionário desfruta de escolha na execução do seu trabalho. O orçamento oferece essa sensação no momento que as escolhas e expectativas dos gestores possam orientar os seus esforços. Assim, a criatividade (produção de ideias novas e úteis) é induzida pelo empoderamento e os sentimentos de propriedade e controle sobre o seu próprio trabalho.

As percepções de empoderamento motivam a experimentar novas maneiras de realizar seu trabalho, o que pode resultar em comportamentos criativos. A forma de uso do orçamento, por exemplo, cria um ambiente que é caracterizado pelo controle e pela liberdade dentro de limites estipulados.

Esse orçamento pode ter a utilidade de monitorar o alcance e realização da meta e os objetivos estratégicos. Essa forma de uso impõe restrições e limites para alinhar os funcionários aos objetivos organizacionais. De forma simultânea, o orçamento pode ser utilizado para novas oportunidades e incentivar a inovação. Essa forma de uso tem maior probabilidade de incentivar a implementação de ideias criativas e iniciativas estratégicas voltadas ao futuro.

O uso do orçamento para garantir que a organização esteja no caminho da meta e dos objetivos estratégicos, pode conduzir ao empoderamento e à criatividade. Os limites e as restrições podem ser compreendidos como desafiadores, e os gestores necessitam de alternativas criativas para melhorar o desempenho e atingir as metas organizacionais. Ou seja, estabelecer meta pode encorajar a resolução de problemas e a experimentação.

Por outro lado, o mesmo orçamento permite a troca de informações em um ambiente no qual os indivíduos são incentivados a desafiar o status quo, participar de debates e diálogos e descobrir soluções criativas. Nesse cenário, pode apoiar os indivíduos a pensar soluções incomuns e abordagens fora do padrão.

Nessas circunstâncias, Silva e Lavarda (2020) objetivaram analisar a relação entre o nível de utilidade percebida do orçamento no empoderamento e na criatividade de gestores de organizações da área de tecnologia de informação. Levantamos três hipóteses: maior nível de utilidade do orçamento impacta positiva e significativamente no empoderamento; maior nível de utilidade do orçamento impacta positiva e significativamente na criatividade; e o empoderamento impacta positiva e significativamente na criatividade.

Todas as hipóteses não foram rejeitadas. O orçamento estimula o sentimento de empoderamento e a criatividade. Percebe-se que pode facilitar no mesmo momento que restringe o comportamento que vai de encontro à meta e ao objetivo estratégico da organização. Conclui-se que os funcionários podem perceber o maior nível de utilidade do orçamento como mais liberdade em vez de maiores restrições.

Essa pesquisa foi fruto da minha colaboração com Carlos Eduardo Facin Lavarda, professor da Universidade Federal de Santa Catarina (UFSC).

O artigo resultante da pesquisa foi publicado na *Revista Contemporânea de Economia e Gestão*. Se você tiver interesse em lê-lo na íntegra, pode acessá-lo por meio do link: http://periodicos.ufc.br/contextus/article/view/43566

Como o evento climático da estiagem influencia o orçamento?

As organizações agrícolas são vitais para a produção de alimentos e apoiam a sobrevivência humana. No entanto, os eventos climáticos extremos podem levar a impactos substanciais, como o comprometimento da produção (Bower, 2019). No sertão nordestino, as chuvas são insuficientes para suportar uma safra agrícola, bem como a distribuição de forma irregular da chuva não responde aos requisitos de umidade de colheita (Bezerra, 2016). Nestas circunstâncias, as organizações devem adotar ações adaptativas.

A proposta deste estudo se pautou na necessidade de compreender o efeito do evento climático adverso da estiagem na utilidade do orçamento agrupada no planejamento e no diálogo. Acompanhamos uma organização do agronegócio brasileiro que atua em cinco segmentos (defensivos, fertilizantes, agricultura, logística e máquinas) e tem plantações em seis fazendas localizadas nos estados do Maranhão e Piauí.

Como vimos ao longo deste livro, Ekholm e Wallin (2011) sugeriram duas principais utilidades para o orçamento: (a) utilidade agregada no planejamento (planejar, coordenar, alocar de recursos e determinar os volumes operacionais) e (b) utilidade agregada no diálogo (comunicar, criar consciência e motivar). A utilidade agrupada no planejamento denota a necessidade do cumprimento de padrões que foram especificados (meta, estratégia), enquanto a agregada no diálogo permite discussões para possíveis decisões e estimula a interação entre os níveis hierárquicos.

O resultado indica que a estiagem tem efeito direto na estratégia definida. O gerente reconhece que a estiagem proporciona alteração no planejamento do orçamento, na coordenação de unidades, alocação de recursos e determinação de volumes operacionais. Ele explica que realoca recursos e/ou refaz programações para um aproveitamento mais produtivo, de acordo com as decisões tomadas pelo presidente. Diante das circunstâncias, os funcionários são conduzidos a seguir padrões especificados.

Como as decisões são tomadas de forma unilateral pelo presidente, não se evidenciou o efeito da estiagem na utilidade do orçamento agregada no diálogo. Não foi percebida a presença de discussões para tomada de decisões e falta de interação entre os níveis hierárquicos (Kruis et al., 2016). Essa percepção pode ser explicada pelo entendimento que a estiagem é um fator externo e que não há possibilidade de interferir, como se afirmava em nota explicativa do exercício de 2016.

Nossa descoberta sugere que se deve ampliar a utilidade do orçamento nessa organização. Evidenciou-se a carência da utilidade do orçamento para o diálogo, comunicar ideias e criar consciência do que é necessário para se alcançar. Essas utilidades elevam o comprometimento dos funcionários, focam em ações, instigam a criatividade, o que fornece um suporte, que minimiza os efeitos da quebra de safra e as incertezas causadas pela estiagem.

A pesquisa foi fruto da minha colaboração com Carlos Eduardo Facin Lavarda, professor do Programa de Pós-graduação em Ciências Contábeis da Universidade Federal de Santa Catarina (UFSC); e Renata Mendes de Oliveira, professora do curso de Ciências Contábeis da Universidade Federal de Uberlândia (UFU).

O artigo resultante da pesquisa foi apresentado no evento Engema/USP e publicado na *Revista Gestão Organizacional*. Se você tiver interesse de lê-lo na íntegra, pode acessá-lo por meio do link: https://pegasus.unochapeco.edu.br/revistas/index.php/rgo/article/view/6441/3676

Utilidade do orçamento em cooperativas do agronegócio

Segundo dados do Ministério da Agricultura, Pecuária e Abastecimento (MAPA), o agronegócio teve representatividade de 21,46% do Produto Interno Bruto (PIB) nacional no ano de 2015. Diante deste cenário, as cooperativas agropecuárias obtiveram em seus respectivos faturamentos relevantes sobras a serem destinadas aos associados, que representam quase R$ 1 milhão de acordo com a Organização das Cooperativas Brasileiras (OCB, 2016).

Para manter este nível de competitividade, o uso do controle gerencial oferece eficiência na gestão dessas cooperativas do agronegócio. Entre os diversos controles gerenciais, o orçamento é amplamente útil em organizações de vários portes, setores e regiões do mundo, que preparam seus orçamentos para gerenciar seus recursos de forma efetiva.

O orçamento é definido como um conjunto prospectivo de números que projeta o desempenho financeiro futuro e serve para avaliar a viabilidade financeira da estratégia escolhida ou decidir se são necessárias alterações no plano geral. Ekholm e Wallin (2011) apresentam duas principais utilidades para o orçamento: (a) função de planejamento (planejar, coordenar, alocar de recursos e determinar volumes operacionais) e (b) função de diálogo (comunicar, criar de consciência e motivar).

Neste contexto, o estudo objetiva identificar as utilidades do orçamento adotadas em cooperativas do agronegócio e verificar como essas utilidades podem ser explicadas pelo comportamento estratégico e pelo seu tamanho. A amostra compreendeu gestores de 50 cooperativas agroindustriais do setor lácteo da região Sul do Brasil.

Os resultados indicam que o orçamento é útil para os gestores das cooperativas agroindustriais, visto que as utilidades adotadas estão acima do ponto médio da escala apresentada. Verifica-se que os gestores percebem como mais importantes (maiores médias) a coordenação das unidades, a determinação de volumes operacionais e a motivação do pessoal. Os achados também apontam que as utilidades do orçamento podem ser explicadas pelo comportamento estratégico e pelo tamanho da cooperativa.

Quanto ao comportamento estratégico, cooperativas que estão envolvidas em um ambiente mais dinâmico e que se empenham na busca constante por inovação, novos produtos e oportunidades de mercado (comportamento estratégico prospector), apresentam mais utilidades do orçamento em relação àquelas que possuem outras estratégias (defensora, analisadora e reatora). Sobre o tamanho, nota-se que as maiores cooperativas possuem mais utilidades do orçamento que as médias, pequenas e micro.

A pesquisa foi fruto da minha colaboração com Cristian Baú Dal Magro, professor do Programa de Pós-graduação em Ciências Contábeis e Administração da Unochapecó; Marília Paranaíba Ferreira, professora da Universidade Federal de Goiás (UFG); e Carlos Eduardo Facin Lavarda, professor do Programa de Pós-graduação em Ciências Contábeis da Universidade Federal de Santa Catarina (UFSC).

O artigo resultante da pesquisa foi publicado na *Revista de Administração da Unimep (RAU)*. Se você tiver interesse em lê-lo na íntegra, pode acessá-lo por meio do link: http://www.spell.org.br/documentos/ver/60247/utilidade-do-orcamento-em-cooperativas-do-agronegocio

Estratégia e uso dos sistemas de controle gerencial em cooperativas

A estratégia (comportamento estratégico) oferece explicação de como as organizações se comportam em seu ambiente, como respondem aos problemas e como buscam soluções. Nesse contexto, discutimos duas estratégias (prospectora e defensora) propostas por Miles e Snow em 1978. A estratégia prospectora se caracteriza pela busca acentuada de mercado e inovação de produtos e processos; a defensora corresponde a domínios restritos de mercado e produtos, o que possibilita maior atenção à eficiência. Dessa forma, ambas estão em extremos opostos.

A relação entre essas estratégias e o Sistema Controle Gerencial (SCG) é uma preocupação na literatura da contabilidade gerencial. Os Sistemas de Controle Gerencial consistem em mecanismos que fornecem informações para manter ou modificar os padrões da gestão organizacional. Simons, em 1995, apresentou um Modelo (Alavancas) de SCG, formado pelo Sistema de Crenças, de Restrições, Diagnóstico e Interativo.

O sistema de crenças é o conjunto explícito de definições que os gestores comunicam e reforçam sistematicamente para fornecer valores básicos, propósito e direção à organização. O sistema de restrições indica regras e limites de comportamento aceitos na organização. O sistema diagnóstico busca motivar os funcionários a realizar e alinhar seu comportamento aos objetivos organizacionais. O sistema interativo proporciona o diálogo ativo entre os membros da organização com vistas na discussão das formas de posicionamento estratégico.

A integração dos quatro é essencial no controle da estratégia, visto que seu poder não reside em como cada uma é usada individualmente. O estudo apresenta evidências de que esses SCGs se combinam para organizações que operam em diferentes contextos estratégicos. Buscamos entender as especificidades das cooperativas como elemento diferenciador da relação.

O objetivo deste estudo consistiu em identificar as combinações dos sistemas de controle gerencial usadas em diferentes comportamentos estratégicos adotados por cem cooperativas agroindustriais do setor lácteo da região Sul do Brasil. Como resultado, essas cooperativas usam diferentes combinações de controle de acordo com o comportamento estratégico adotado.

As cooperativas com comportamento estratégico defensor usam as principais práticas dos sistemas de controle diagnóstico, que compreendem controles contábeis, combinadas com sistemas de limites, que envolvem preocupação com a estratégia e riscos comportamentais para que sejam reconhecidos e abordados nos seus códigos de conduta por domínios restritos de mercado e produtos, com maior atenção à eficiência.

As cooperativas com comportamento prospector usam de forma preponderante práticas dos sistemas de limites, o que implica controle rígido para assegurar eficiência e práticas dos sistemas de controle interativo (central), que buscam explorar novos produtos e oportunidades e que são frequentemente combinadas com outras práticas, de modo que fazem uma varredura do ambiente para identificar novas áreas e desenvolver mecanismos para impedir que concorrentes adentrem em seu território.

As cooperativas agroindustriais pesquisadas precisam ser competitivas para enfrentar os desafios que se apresentam e responder às mudanças na estrutura e no cenário da concorrência para manter sua posição no mercado. O estudo propicia informações relevantes sobre o processo de gestão com vistas na continuidade dos negócios, já que os sistemas de controle gerencial fornecem informações que permitem a coordenação das atividades. Dessa forma, as evidências dessa pesquisa podem contribuir para que os gestores compreendam qual combinação dos Sistemas de Controle Gerencial é mais adequada ao comportamento estratégico adotado pela cooperativa.

A pesquisa foi fruto da minha colaboração com Ilse Maria Beuren, professora do curso de Ciências Contábeis da Universidade Federal de Santa Catarina (UFSC); Januário José Monteiro, doutor em Ciências Contábeis pela Universidade Federal de Santa Catarina (UFSC); e Carlos Eduardo Facin Lavarda, professor do curso de Ciências Contábeis da Universidade Federal de Santa Catarina (UFSC).

O artigo resultante da pesquisa foi publicado na *Review of Business Management*. Se você tiver interesse em lê-lo na íntegra, pode acessá-lo por meio do link: https://www.scielo.br/j/rbgn/a/NvjLZSGPvYFXdXMwKbGPn7y/

Processo orçamentário em clubes de futebol

Na história do esporte, existem casos de equipes montadas com grandes investimentos que não conseguiram atingir os seus objetivos (Dantas & Boente, 2012). Por isso, os gestores das entidades desportivas devem se adequar às premissas deste mercado singular. Os investimentos devem estar de acordo com as condições financeiras do clube. A eficiência dos gastos só se dará com organização financeira aliada ao bom trabalho do clube dentro de campo.

Nesse sentido, a aprovação do PROFUT exigiu a profissionalização da gestão nos clubes de futebol brasileiros, que passaram a cumprir alguns requisitos mínimos para refinanciamento de dívidas (BDO, 2018). Ademais, a Confederação Brasileira de Futebol (CBF) criou a Resolução nº 01/2017, que visa penalizar os clubes de futebol com práticas de *fair play* financeiro, identificado quando um clube investe valores maiores do que a sua capacidade de arrecadação financeira (CBF, 2017).

Para tanto, o orçamento pode servir como aliado na medição da eficiência de aplicação dos investimentos no esporte. Assim, pode ser útil para que uma organização consiga conciliar os objetivos potencialmente conflitantes. O orçamento também ajuda a aumentar o rigor sobre a assunção de responsabilidades, garantindo que os gestores permaneçam empenhados em alcançar as metas organizacionais.

Ao considerar a importância do orçamento na consecução dos objetivos estratégicos das organizações, o desequilíbrio financeiro dos clubes e, sobretudo, os incentivos às boas práticas criados nos últimos anos, objetivamos descrever o processo orçamentário utilizado em três clubes de futebol com nível de arrecadação financeira emergente.

Como resultado, o processo de elaboração do orçamento em clubes de futebol pode ter sido motivado recentemente, visto que nas entidades pesquisadas se iniciou este processo em meados de 2016 e 2017. Esse fator pode ser prejudicial para o alcance da eficiência na execução do orçamento. Constatou-se, também, que o orçamento não é vinculado a um sistema de recompensa por parte dos responsáveis pela consecução das metas, que são revisadas periodicamente em todos os clubes pesquisados.

Além disso, um fator importante observado é que os clubes que estabeleceram a possibilidade de revisão das metas, inseriram um limite de variação das receitas e despesas, fator que impossibilita mudanças significativas no orçamento. Por fim, clubes de futebol ainda estão delimitando a utilização do orçamento ao alcance das metas sem ênfase nos relacionamentos interpessoais.

Sugere-se que os clubes de futebol ainda têm um longo caminho para evoluir no processo de elaboração, execução e avaliação do orçamento, principalmente, no que se refere a avaliação de desempenho, programas de incentivos, motivação de colaboradores e pela implementação de normas sociais.

A contribuição prática deste estudo está em apontar que o orçamento pode ser amplamente utilizado pelos clubes de futebol como um mecanismo que busca equilibrar os investimentos financeiros com o rendimento esportivo do clube. Sabe-se que ainda é preciso que estes criem uma maturidade de processo orçamentário e que consigam promover uma articulação entre as metas financeiras e os relacionamentos interpessoais.

A pesquisa foi fruto da minha colaboração com Cristian Baú Dal Magro, professor do curso de Ciências Contábeis da Unochapecó; Igor Pereira da Luz, professor do curso de Ciências Contábeis da Faculdade Estácio de Sá e da Faculdade Energia; e Carlos Eduardo Facin Lavarda, professor do Programa de Pós-graduação em Ciências Contábeis da Universidade Federal de Santa Catarina.

O artigo resultante da pesquisa foi publicado na *Revista Enfoque: Reflexão Contábi*l. Se você tiver interesse em lê-lo na íntegra, pode acessá-lo por meio do link: http://periodicos.uem.br/ojs/index.php/Enfoque/article/view/45867/751375150622

Influência das características coercitiva e habilitante do orçamento no empoderamento e na criatividade

O orçamento útil ao planejamento apresenta forma coercitiva (*coercive*), por oferecer processos rígidos e com pouca utilidade interativa. Isso denota um controle orçamentário adequado ao cumprimento de padrões previamente especificados. O orçamento pautado no diálogo pode ser vinculado ao modelo habilitante (*enabling*) por oferecer responsabilidade e autonomia aos funcionários. As utilidades do orçamento com características habilitantes permitem que haja diálogo para possíveis decisões e estimula a interação entre os entes da hierarquia em uma organização.

As informações do uso do orçamento podem ser usadas na forma coercitiva para garantir que a organização está no caminho certo para alcançar os objetivos pretendidos, mas também podem ser usadas de forma habilitante para garantir que as informações e preocupações da alta gerência sejam compartilhadas verticalmente (Muller-Stewens, Widener, Moller & Steinmann, 2020). Desse modo, é importante entender os efeitos do orçamento com característica coercitiva e habilitante na criatividade e no empoderamento dos gestores.

O estudo tem o objetivo de analisar a influência das características coercitiva e habilitante do orçamento no empoderamento e na criatividade dos cem gestores das organizações disponibilizados no site de cada Associação das Empresas Brasileiras de Tecnologia da Informação – ASSESPRO – Regionais (São Paulo, Bahia, Sergipe, Pernambuco, Paraíba, Rio Grande do Sul, Distrito Federal).

Como resultado, o orçamento permite que haja aumento na criatividade dos gestores, o que independe das suas características de uso. Nesse sentido, sugere-se que a utilização do orçamento, por si só, é um instrumento que oferece criatividade organizacional. Contudo, apesar de ambas as formas de uso do orçamento terem efeito na criatividade, pondera-se que o orçamento de forma habilitante tem maior facilidade de promover a criatividade organizacional, quando comparado com o orçamento coercitivo.

Estes resultados sugerem que em ambientes dinâmicos, nos quais os indivíduos estão sujeitos à busca por ideias criativas, o uso do orçamento a partir de suas características coercitivas e habilitantes possibilita a concretização dos objetivos organizacionais.

A pesquisa foi fruto da minha colaboração com Cristian Baú Dal Magro, professor do curso de Ciências Contábeis da Unochapecó; Luciana Gonçalves de Souza, mestranda em Contabilidade pela Fucape Business School; e Januário José Monteiro, doutor em Ciências Contábeis pela Universidade Federal de Santa Catarina (UFSC).

O artigo foi publicado na *Revista de Educação e Pesquisa em Contabilidade*. Se você tiver interesse em lê-lo na íntegra, pode acessá-lo por meio do link: https://www.repec.org.br/repec/article/view/2687/1632

Diferentes formas de usar o orçamento afetam o empoderamento e a criatividade dos gerentes

Para muitas organizações, a criatividade dos seus colaboradores é um fator crítico para o sucesso a longo prazo. Elas enfrentam um grande dilema, no qual a natureza específica da produção criativa requer um uso substancial do controle, mas o próprio controle pode minar a criatividade dos indivíduos. Ao saber que o comportamento que vai de encontro ao desejado pode atrapalhar a estratégia, o controle é essencial para efetivamente regular o comportamento.

A literatura na área de controle de gestão entende que a forma como o controle pode ser visto pelos colaboradores é o que afeta suas ações. Ou seja, pode ser percebido para comunicar restrições e limites, se acreditam que possuem o poder de determinar suas próprias escolhas durante o desenvolvimento da atividade. Nesse contexto, pode permitir uma sensação de empoderamento, o que é entendido que suas escolhas e expectativas podem guiar os seus esforços.

Entendemos que o orçamento, como mecanismo do sistema de controle gerencial, possui duas formas de ser usado. Pode ser usado como controle diagnóstico, garantindo que a organização esteja no caminho certo para atingir os objetivos pretendidos. E também como controle interativo para garantir que as informações e preocupações da alta administração sejam compartilhadas de forma vertical.

Este estudo possui uma visão de acordo com o proposto por Cools, Stouthuysen e Van den Abbeele (2017) e Speklé, Elten e Widener (2017) quanto ao controle diagnóstico. Os autores argumentam que este tipo de controle pode não ser percebido como uma restrição negativa pelo time de colaboradores, mas como um desafio que apresenta um problema interessante que motiva pensar em soluções inusitadas dentro do seu curso de ação.

A partir disso, propomos verificar a influência das formas de uso do orçamento no sentimento de empoderamento e na criatividade de cem gestores de organizações brasileiras da área de tecnologia da informação – ASSESPRO – Regionais (São Paulo, Bahia, Sergipe, Pernambuco, Paraíba, Rio Grande do Sul, Distrito Federal).

Concluímos que as formas de uso do orçamento (diagnóstica e interativa) influenciam no sentimento de empoderamento e na criatividade. Ao usar a lente teórica da Teoria da Autodeterminação, o orçamento pode exercer estímulos de ação para influenciar o comportamento intencional dos colaboradores. Essa constatação é confirmada pelo fato de que o uso diagnóstico aumenta a sensação de empoderamento e também a criatividade. O uso interativo do orçamento precisa ser associado à criatividade para gerar sentimento de empoderamento, e o contrário também ocorre.

Com esses resultados, enfatizamos a importância do uso do controle diagnóstico e interativo no contexto das organizações de tecnologia da informação para apoiar o empoderamento e a criatividade dos colaboradores. Vale ressaltar que o uso simultâneo aumenta o empoderamento e a criatividade para atingir a estratégia da organização e, de forma consequente, desenvolve o surgimento de ideias para resolução de problemas e experimentação.

Nessa perspectiva, torna-se desnecessário fazer uma escolha entre ter um ambiente que estimula a criatividade e o controle adequado. Com a implementação das formas de uso do orçamento, cria ambiente rico em informações, o que é propício ao pensamento criativo e, de forma concomitante, mantém o controle da organização.

A pesquisa foi fruto da minha colaboração com Cristian Baú Dal Magro, professor da Unochapecó; Carlos Eduardo Facin Lavarda, professor da Universidade Federal de Santa Catarina (UFSC); e Rafael Ferla, professor da Unidade Central de Educação Faem Faculdade.

O artigo foi publicado na *Revista Contaduría y Administración*. Se você tiver interesse em lê-lo na íntegra, pode acessá-lo por meio do link: http://www.cya.unam.mx/index.php/cya/article/view/3161/1962

PONTOS-CHAVE DO CAPÍTULO

- O orçamento ainda continua vivo nas organizações e continuará a ser importante no futuro, no qual relatam compromisso de continuar com suas práticas orçamentárias.
- Ao considerar a contenção e a limitação de recursos, o orçamento é necessário para melhoria na alocação de recursos e, de forma simultânea, conduzir a empresa a ter criatividade para obtenção de nova fonte de recursos.
- A maioria das empresas adere ao orçamento na periodicidade anual. Este estudo oferece evidências de que as utilidades do orçamento são úteis, o que independe do tipo de elaboração do orçamento.
- O orçamento flexível tem sido mais útil às organizações para fomentar o diálogo, o debate organizacional, a motivação, assim como para incentivar o intercâmbio de informações, contribuir com a disseminação de conhecimento, distribuição e comunicação de informações e com o surgimento de ações estratégicas (utilidades do diálogo).
- O empoderamento é conceituado como a sensação que o funcionário desfruta de escolha na execução do seu trabalho. O orçamento oferece essa sensação no momento que as escolhas e expectativas dos gestores possam orientar os seus esforços.
- Evidenciou-se a carência da utilidade do orçamento para o diálogo, para a comunicação de ideias e para criar consciência do que é necessário para se alcançar, que fornecem um suporte que minimiza os efeitos da quebra de safra e as incertezas causadas pela estiagem.
- Os resultados indicam que o orçamento é útil para os gestores das cooperativas agroindustriais, visto que as utilidades adotadas estão acima do ponto médio da escala apresentada.
- Cooperativas que estão envolvidas em um ambiente mais dinâmico e que se empenham na busca constante por inovação, novos produtos e oportunidades de mercado

(comportamento estratégico prospector), apresentam mais utilidades do orçamento em relação àquelas que possuem outras estratégias.

- O orçamento pode servir como aliado na medição da eficiência de aplicação dos investimentos no esporte. Assim, pode ser útil para que uma organização consiga conciliar os objetivos potencialmente conflitantes.

PERGUNTAS PARA OS GESTORES E LÍDERES

- Como o orçamento apoiou a sua organização no momento da crise do coronavírus? Quais utilidades foram despertadas por causa do momento?
- Como o orçamento de sua organização favorece o empoderamento? Como o seu time percebe que desfruta de escolha na execução do trabalho?
- O orçamento é visto para garantir que as informações e preocupações da alta administração sejam compartilhadas de forma vertical? Como isso influencia na criatividade da organização?

APÊNDICE **A**

Mapa do Orçamento Ambidestro

Descubra o quão perto o orçamento da sua empresa está de atender à diferente demanda, capaz de melhorar a eficiência competitiva e estimular a inovação. A partir do resultado, corrija e explore novas utilidades para proporcionar vantagem competitiva em um ambiente instável.

O Orçamento Ambidestro é o modelo criado pelo Prof. Dr. Thiago Bruno para auxiliar organizações na obtenção de melhor desempenho e redução da probabilidade de declínio. Ao participar deste diagnóstico, você faz parte da maior pesquisa sobre essa temática já realizada no Brasil.

PILARES:

- ORÇAMENTO PARA **ALCANÇAR A EFICIÊNCIA COMPETITIVA**
- ORÇAMENTO PARA **ESTIMULAR A INOVAÇÃO**

A seguir, você avaliará o **grau de utilidade** do orçamento da sua organização em 7 eixos. Seja honesto (a) na avaliação. Apenas assim conseguiremos identificar as principais utilidades do orçamento e a chance de identificar novas utilidades para adoção na sua organização.

1. ORÇAMENTO PARA ALCANÇAR A EFICIÊNCIA COMPETITIVA

O orçamento na organização é utilizado para o **planejamento vinculado à estratégia**
Muito baixo (1) – Baixo (2) – Médio (3) – Alto (4) – Muito alto (5)

O orçamento na organização é utilizado para **coordenar as unidades**
Muito baixo (1) – Baixo (2) – Médio (3) – Alto (4) – Muito alto (5)

O orçamento na organização é utilizado para **alocar recursos para as unidades** (exemplo: quantidade de matéria-prima e recurso financeiro)
Muito baixo (1) – Baixo (2) – Médio (3) – Alto (4) – Muito alto (5)

O orçamento na organização é utilizado para **determinar volumes operacionais** (exemplo: matéria-prima, produtos)
Muito baixo (1) – Baixo (2) – Médio (3) – Alto (4) – Muito alto (5)

2. ORÇAMENTO PARA ESTIMULAR A INOVAÇÃO

O orçamento na organização é utilizado para **comunicar objetivos estratégicos e ideias**
Muito baixo (1) – Baixo (2) – Médio (3) – Alto (4) – Muito alto (5)

O orçamento na organização é utilizado para **criar consciência do que é importante** alcançar, definido nos objetivos estratégicos
Muito baixo (1) – Baixo (2) – Médio (3) – Alto (4) – Muito alto (5)

O orçamento na organização é utilizado para **motivar o pessoal**
Muito baixo (1) – Baixo (2) – Médio (3) – Alto (4) – Muito alto (5)

MUITO BEM!
Como o resultado é encontrado:

- Cada resposta das questões tem um valor que varia de 1 a 5.
- Você deve somar o resultado de cada questão, de forma separada para cada pilar.

- No pilar **ORÇAMENTO PARA ALCANÇAR A EFICIÊNCIA COMPETITIVA**, o valor varia entre 0 (mínimo) e 20 (máximo). Quanto mais próximo de 20 for o resultado, mais o seu orçamento é voltado para o alcance da eficiência.

Resultado: _____

Muito Baixo	Baixo	Médio	Alto	Muito Alto
0 a 4	5 a 8	9 a 12	13 a 16	17 a 20

- No pilar **ORÇAMENTO PARA ESTIMULAR A INOVAÇÃO**, o valor varia entre 0 (mínimo) e 15 (máximo). Quanto mais próximo de 15 for o resultado, mais o seu orçamento é voltado para busca de novas oportunidades.

Resultado: _____

Baixo	Médio	Alto
0 a 5	6 a 10	11 a 15

- Encontrado o resultado separado para cada pilar, somam-se os valores dos pilares e você terá o resultado do teste do **ORÇAMENTO AMBIDESTRO**. A escala varia entre 0 (mínimo) e 35 (máximo). Quanto mais próximo de 35 for o resultado, mais o seu orçamento é ambidestro. Ou seja, **ATENDE A DUAS DEMANDAS DIFERENTES DE FORMA SIMULTÂNEA**.

Resultado: _____

Muito Baixo	Baixo	Médio	Alto	Muito Alto
0 a 7	8 a 14	15 a 21	22 a 28	29 a 35

Referências

Antonello, C. S. (2005). Articulação da aprendizagem formal e informal: seu impacto no desenvolvimento de competências gerenciais. *Revista Alcance*, *12*(2), 183-209.

Arnold, M., & Artz, M. (2019). The use of a single budget or separate budgets for planning and performance evaluation. *Accounting, organizations and society*, *73*, 50-67.

Arnold, M. C., & Gillenkirch, R. M. (2015). Using negotiated budgets for planning and performance evaluation: An experimental study. *Accounting, organizations and society*, *43*, 1-16.

Barney, J. B., & Clark, D. N. (2007). *Resource-based theory: Creating and sustaining competitive advantage*. OUP Oxford.

Barney, Jay B. Looking inside for competitive advantage. Academy of Management Perspectives, v. 9, n. 4, p. 49-61, 1995.

Barney, J. (1991). Firm resources and sustained competitive advantage. *Journal of management*, *17*(1), 99-120.

Barros, P. (2013). *Sem segredo: estratégia, inovação e criatividade*. Casa da Palavra.

BDO, RCS Auditores Independentes. 10° Valor das marcas dos clubes brasileiros. Recuperado em 08 fevereiro, 2018, de https://www.bdo.com.br/getattachment/Publicacoes/Noticias-em- estaque/9%C2%BA–Valor-das-marcas-dos-clubes-brasileiros/Valor-das-Marcas-2017.pdf.aspx?lang=pt–BR&ext=.pdf&disposition=attachment.

Berland, N., & Chiapello, E. (2009). Criticisms of capitalism, budgeting and the double enrolment: Budgetary control rhetoric and social reform in France in the 1930s and 1950s. *Accounting, Organizations and Society*, *34*(1), 28-57.

Bezerra, J. D. A. (2016). A seca no Nordeste brasileiro: uma leitura do Jornal Folha de S.Paulo. *Temática, ano XII*, (08).

Bhimani, A., Sivabalan, P., & Soonawalla, K. (2018). A study of the linkages between rolling budget forms, uncertainty and strategy. *The British Accounting Review*, *50*(3), 306-323. DOI: https://doi.org/10.1016/j.bar.2017.11.002

Birkinshaw, J., Zimmermann, A., & Raisch, S. (2016). How do firms adapt to discontinuous change? Bridging the dynamic capabilities and ambidexterity perspectives. *California Management Review, 58*(4), 36-58.

Bouwer, L. M. (2019). Observed and projected impacts from extreme weather events: implications for loss and damage. In *Loss and damage from climate change* (pp. 63-82). Springer, Cham.

Chan, A.T., Ngai, E.W., & Moon, K.K. (2017). The effects of strategic and manufacturing flexibilities and supply chain agility on firm performance in the fashion industry. *European Journal of Operational Research, 259*(2), 486-499.

Christensen, C. M. (2012). *Como Avaliar a Sua Vida?: Em busca do sucesso pessoal e profissional.* Leya.

Christensen, C. M. (2013). *The innovator's dilemma: when new technologies cause great firms to fail.* Harvard Business Review Press.

Christensen, C. (2018). *Muito além da sorte: processos inovadores para entender o que os clientes querem.* Bookman Editora.

Confederação Brasileira de Futebol (CBF). Resolução nº 01/2017 que instituiu o regulamento para o licenciamento de clubes, de 2018 a 2021.

Cools, M., Stouthuysen, K., & Van den Abbeele, A. (2017). Management control for stimulating different types of creativity: The role of budgets. *Journal of Management Accounting Research, 29*(3), 1-21.

Dantas, M. G. S., & Boente, D. R. (2012). A utilização da análise envoltória de dados na medição de eficiência dos clubes brasileiros de futebol. *Contabilidade Vista & Revista, 23*(2), 101-130.

Davila, A., & Foster, G. (2005). Management accounting systems adoption decisions: Evidence and performance implications from early-stage/startup companies. *The Accounting Review, 80*(4), 1039-1068.

Đokić, D., Jurjević, Ţ., Popović, R., & Savić, M. (2019). Is there a correlation between economic and energy use efficiency in soybean production. *Custos e Agronegocio, 15*(2), 489-505.

Ekholm, B. G., & Wallin, J. (2011). The impact of uncertainty and strategy on the perceived usefulness of fixed and flexible budgets. *Journal of Business Finance & Accounting, 38*(1-2), 145-164. DOI: https://doi.org/10.1111/j.1468-5957.2010.02228.x

Feldmann, P. R., Jacomossi, R. R., Barrichello, A., & Morano, R. S. (2019). A relação entre a Inovação e a Competitividade Global: o papel mediador das

Práticas de Gestão avaliadas por modelagem de equações estruturais. *Revista Brasileira de Gestão de Negócios, 21*, 195-212.

Freudmann, A. 2015. The innovative company: How multinationals unleash their creative potential. *The Economist* Whitepaper, https://impact.economist.com/perspectives/strategy-leadership/innovative-company/white-paper/innovative-company-how-multinationals-unleash-their-creative-potential

Fábio, F. (2015). *Orçamento Empresarial – Planejamento e Controle Gerencial, 6ª edição* . Grupo GEN. https://grupogen.vitalsource.com/books/9788522499090

Grabner, I. (2014). Incentive system design in creativity-dependent firms. *The Accounting Review, 89*(5), 1729-1750.

Gschwantner, S., & Hiebl, M. R. (2016). Management control systems and organizational ambidexterity. *Journal of Management Control, 27*(4), 371-404.

Hansen, S. C., & Van der Stede, W. A. (2004). Multiple facets of budgeting: an exploratory analysis. *Management accounting research, 15*(4), 415-439.

Heinicke, A., Guenther, T. W., & Widener, S. K. (2016). An examination of the relationship between the extent of a flexible culture and the levers of control system: The key role of beliefs control. *Management Accounting Research, 33*, 25-41.

Henri, J. F. (2006). Management control systems and strategy: A resource-based perspective. *Accounting, organizations and society, 31*(6), 529-558.

Jia, J., & Yin, Y. (2015). Analysis of Nokia's decline from marketing perspective. *Open Journal of Business and Management, 3*(04), 446.

King, R., Clarkson, P. M., & Wallace, S. (2010). Budgeting practices and performance in small healthcare businesses. *Management Accounting Research, 21*(1), 40-55.

Kruis, A. M., Speklé, R. F., & Widener, S. K. (2016). The Levers of Control Framework: An exploratory analysis of balance. *Management Accounting Research, 32*, 27-44.

Li, S. X., & Merchant, K. A. (2021). Motivating Innovation and Creativity: The Role of Management Controls. In *Information for Efficient Decision Making: Big Data, Blockchain and Relevance* (pp. 477-492).

Matějka, M., Merchant, K. A., & O'Grady, W. (2021). An empirical investigation of beyond budgeting practices. *Journal of Management Accounting Research, 33*(2), 167-189.

Miles, R.E., Snow, C.C., Meyer, A.D., & Coleman Jr, H.J. (1978). Organizational strategy, structure, and process. *Academy of Management Review, 3*(3), 546-562.

Miller, B. P., Sheneman, A. G., & Williams, B. M. (2022). The impact of control systems on corporate innovation. *Contemporary Accounting Research*, *39*(2), 1425-1454.

Müller-Stewens, B., Widener, S.K., Möller, K., & Steinmann, J.C. (2020). The role of diagnostic and interactive control uses in innovation. *Accounting, Organizations and Society*, Article in press 101078.

O'Reilly III, C. A., & Tushman, M. L. (2013). Organizational ambidexterity: Past, present, and future. *Academy of Management Perspectives*, *27*(4), 324-338.

O Reilly, C. A., & Tushman, M. L. (2004). The ambidextrous organization. *Harvard business review*, *82*(4), 74-83.

OCB – Organização das Cooperativas Brasileiras Relatório de atividades. Disponível em http://www.ocb.org.br. Acesso em 25 de junho de 2021.

Oyadomari, JCT, Neto, ORDM, & Dultra-de-Lima, RG et al. (2023). *Contabilidade Gerencial: Ferramentas para Melhoria de Desempenho Empresarial* (2ª ed.). Grupo GEN. https://grupogen.vitalsource.com/books/9786559774456

Oyadomari, J. C. T. (2008). *Uso do sistema de controle gerencial e desempenho: um estudo em empresas brasileiras sob a ótica da VBR (visão baseada em recursos)* (Doctoral dissertation, Universidade de São Paulo).

Penrose, E. (1959). *The theory of the growth of the firm. John Wiley& Sons, New York.*

Radtke, R. R., & Widener, S. K. (2016). The complex world of control: Integration of ethics and uses of control. *Performance Measurement and Management Control: Contemporary Issues*, 17-38.

Rehman, S. U., Mohamed, R., & Ayoup, H. (2019). The mediating role of organizational capabilities between organizational performance and its determinants. *Journal of Global Entrepreneurship Research*, *9*(1), 1-23.

Santos, F. M., & Eisenhardt, K. M. (2005). Organizational boundaries and theories of organization. *Organization science*, *16*(5), 491-508.

Scapens, R. W. (1994). Never mind the gap: towards an institutional perspective on management accounting practice. *Management accounting research*, *5*(3-4), 301-321.

Shane, S. A. (2003). *A general theory of entrepreneurship: The individual-opportunity nexus*. Edward Elgar Publishing.

Silva, T. B. D. J., & Lavarda, C. E. F. (2020). Relação da utilidade do orçamento no empoderamento e na criatividade.

Silva, T. B. D. J. (2020). Interface entre utilidades do orçamento com as capacidades dinâmicas e desempenho organizacional. Tese (Doutorado) – Universidade Federal de Santa Catarina, Programa de Pós-Graduação em Contabilidade, Florianópolis, 151 p.

Silva, T. B. D. J., Ensslin, S. R., & Lavarda, C. E. F. (2020). Avaliação de desempenho nas práticas orçamentárias: o que a literatura nos ensina?. *Revista de Gestão dos Países de Língua Portuguesa*, *19*(3), 196-216.

Silva, T. B. J.; Dal Magro, C. B.; Ferla, R.; Lavarda, C. E. F (2020). *Different Ways Of Using The Budget Affect The Empowerment And Creativity Of Managers?* In: 43rd *Annual Congress of the European Accounting Association*, Bucharest, Romania.

Simons, R. (1995). *Levers of control: How managers use innovative control systems to drive strategic renewal.* Harvard Business School, Boston.

Simons, R. (2010). *Accountability and control as catalysts for strategic exploration and exploitation: field study results* (No. 10-051). Boston, MA, USA: Harvard Business School.

Sivabalan, P., Booth, P., Malmi, T., & Brown, D. A. (2009). An exploratory study of operational reasons to budget. *Accounting & Finance*, *49*(4), 849-871.

Slater, S. F., & Narver, J. C. (1995). Market orientation and the learning organization. *Journal of marketing*, *59*(3), 63-74.

Speklé, R. F., van Elten, H. J., & Widener, S. K. (2017). Creativity and control: A paradox—Evidence from the levers of control framework. *Behavioral Research in Accounting*, *29*(2), 73-96.

Teece, D. J., Pisano, G., & Shuen, A. (1997). Dynamic capabilities and strategic management. *Strategic management journal*, *18*(7), 509-533.

Tripsas, M. (1997). Unraveling the process of creative destruction: Complementary assets and incumbent survival in the typesetter industry. *Strategic management journal*, *18*(S1), 119-142.

Tushman, M. L., & O'Really, C. A. (1996). Ambidextrous organizations: managing evolutionary and revolutionary change. California Management, 38 (4), 8-30.

Uyar, A., & Kuzey, C. (2016). Does management accounting mediate the relationship between cost system design and performance? *Advances in accounting*, *35*, 170-176.

Van de Ven, A. H., & Engleman, R. M. (2004). Event- and outcome-driven explanations of entrepreneurship. *Journal of Business Venturing*, *19*(3), 343-358.

Van der Stede, W. A. (2016). Management accounting in context: industry, regulation and informatics. *Management Accounting Research*, *31*, 100-102.

Vian, M., Gollo, V., Kruger, S. D., & Diel, F. J. (2019). Analysis of the economic and financial viability of milk and swine activities in a rural property. *Custos e Agronegócio*, *15*(1), 19-42.

Vomberg, A., Homburg, C., & Gwinner, O. (2020). Tolerating and managing failure: An organizational perspective on customer reacquisition management. *Journal of Marketing*, *84*(5), 117-136.

Welsch, C. W. (1992). Relationship between dietary fat and experimental mammary tumorigenesis: a review and critique. *Cancer research*, *52*(7 Supplement), 2040s-2048s.

Wenzel, M., Stanske, S., & Lieberman, M. B. (2020). Strategic responses to crisis. *Strategic Management Journal*, *41*(7/18).

Wernerfelt, B. (1984). A resource-based view of the firm. *Strategic management journal*, *5*(2), 171-180.

Widener, S. K. (2007). An empirical analysis of the levers of control framework. *Accounting, organizations and society*, *32*(7-8), 757-788.

Zabiegalski, E. (2015). *Learning ambidexterity in organization* (Doctoral dissertation, The George Washington University).

Índice

Símbolos

A

B

C

D

U

V

W

X

Sobre o autor

Thiago Bruno é professor de Contabilidade, Governança Corporativa e Controladoria. Possui graduação, mestrado e doutorado em Contabilidade, com ênfase em controle gerencial. É autor e coautor de mais de sessenta artigos científicos publicados em congressos e revistas científicas, nacionais e internacionais. Ao longo de sua carreira, acumulou experiências como contador, consultor financeiro, professor, pesquisador e investidor individual.

UM PEDIDO

Se você gostou de *A Ambidestria do Orçamento*, eu ficaria muito feliz se escrevesse uma análise sobre o livro. Apenas um *feedback* ajuda a dar mais visibilidade ao livro e faz uma grande diferença para mim.

Ficarei feliz em ler o seu comentário e saber como este livro fez sentido para você!

Se eu te convenci a deixar um *review*, tudo o que você precisa fazer é visitar o *site* onde adquiriu o livro. Se não for pedir demais, divulgue o livro para amigos e colegas que gostam do tema.

Muito obrigado pela ajuda!

CANAIS PARA CONTATO DIRETO COM THIAGO BRUNO

O objetivo deste texto é facilitar e agilizar o seu acesso aos meus canais, diretório de serviços e contatos diretos.

Para obter mais informações sobre o Thiago Bruno, fazer convites de palestras e participações em eventos, entre em contato através do link: https:\\linktr.ee\thiagobrunojs.

Este livro foi impresso nas oficinas gráficas da Editora Vozes Ltda.,
Rua Frei Luís, 100 – Petrópolis, RJ.